AF494658

LES
FAUX PAS,
OU
MEMOIRES
VRAIS, OU VRAI-SEMBLABLES
DE LA BARONNE DE ***.

Traduits de l'Original Bas-Breton.

SECONDE PARTIE.

AUX DEUX-PONTS.

Et se trouvent,

Chez DUCHESNE, rue Saint Jacques, au-dessous de la Fontaine Saint Benoît, au Temple du Goût.

M. DCC. LV.

LES
FAUX PAS.

L'Impertinence de Passe avoit tellement irrité M. Messin, qu'il ne put s'empêcher d'en faire part à sa femme ; elle en est furieuse, elle le détermine à révoquer son Caissier. On l'envoye chercher pour lui demander tout de suite les clefs, & un état de la caisse. Il est surpris de cette espéce de violence ; il s'échappe en mauvais propos ; ils paroissent si injustes & si révoltans, qu'on le menace de le jetter par les fenêtres. Passe en défie, parce qu'il ſçait qu'elles ſont grillées, & au rez-de-chauſſée, en même tems il gagne précipitament la porte, pour ne pas donner d'autre défi.

La tendre & vertueuſe Lolotte vint le lendemain me faire des reproches du mauvais tour que j'avois joué à ſon époux. Je lui avois caché ceux qu'elle lui jouoit; & je lui fis ſentir qu'elle m'avoit cette obligation. Elle en convint; & m'en remercia. Elle ajouta que l'empreſſement de faire connoiſſance avec M. Meſſin, dont elle avoit beſoin, l'avoit engagée dans cette partie de campagne; que j'avois dérangé ſon projet; & qu'elle n'avoit point eu d'autre vuë. J'aurois pû la confondre par la ſituation où je l'avois trouvée dans le boſquet; mais je ne voulus point ſuivre ce raiſonnement. Elle me jura que c'étoit la premiere fois qu'elle s'étoit trouvée à ces sortes de parties. Je lui protestai que cela lui faisoit honneur ; & qu'elle s'en étoit aussi bien tirée, que si elle n'avoit fait autre chose pendant toute sa vie.

Comme nous avons toujours quelque excuse pour justifier notre cœur, elle ajouta que Passe étoit l'époux le plus bourru, le plus plat, & le plus avare qu'on pût trouver ; qu'il lui refusoit le nécessaire ; & qu'elle étoit obligée d'avoir de ces petites ressources pour se tirer d'affaires. La voilà déja en contradiction avec elle-même ; & j'aurois sçu toute sa vie, si j'en avois été bien curieuse. Elle me pria de solliciter M. Messin à reprendre son mari ; de lui dire naturellement l'état des choses, & la véritable raison de son refus. Je le fis inutilement ; on ne voulut plus en entendre parler. Un homme à gages qu'on a chaſſé, ſe croit néceſſaire, quand on le reprend, & il part de là pour redoubler ſes impertinences. Lolotte crut que je n'avois pas voulu m'en mêler ; elle chercha toutes les occaſions de s'en venger. Ce n'étoit qu'une ſuite des noirceurs quelle avoit pratiquées contre moi, & dont je ne l'aurois jamais cruë capable.

Les Epoux réunis m'accabloient de bontés, & ne négligeoient rien pour me procurer un établiſſement honnête. Il ne s'en préſenta point. Je m'en ſouciois peu ; ils avoient la complaiſance de me mener avec eux à la Campagne, mais je les gênois beaucoup ; & ma Compagnie n'alloit pas à tout le Monde. Mlle Meſſin n'étoit pas jalouſe des politesses que je recevois de son Epoux : les bienfaits passoient par ses mains, & n'y perdoient rien. J'avois eu le talent de lui persuader où j'en étois avec lui ; elle l'estimoit, elle le crut, & c'étoit un grand coup d'état.

La Marquise fut la premiere instruite de tout ce qui s'étoit passé chez moi. Elle faisoit grace à son Amant d'avoir eu à ses gages une petite fille, pour attendre la commodité, ou plûtôt la fantaisie d'une femme de condition ; parcequ'il y a des jours où l'on ne sçauroit admettre, ou avouer un Financier, qu'à *titre d'affaires*,* & il y a de certaines heures où l'on ne doit point en avoir. Elle trouvoit cela dans l'ordre des procédés ; mais son

* Cette femme n'avoit pas sans doute lû le *Financier* Roman nouveau ; elle auroit été plus modérée dans sa conduite & dans ses propos.

retour vers sa femme paroissoit à la Marquise si plat, si rebutant, & d'un si mauvais ton, qu'elle étoit désespérée de s'être attachée à un homme *comme cela*, qui avoit assez peu de sentimens pour s'exposer à être sifflé de tous les honnêtes-gens. Elle en avoit eu jusqu'alors, disoit-elle, meilleure opinion. Se rapprocher de sa femme chez sa rivale, chez une fille entretenuë, le beau Théâtre pour une réconciliation conjugale! Après le premier feu, elle se consola de cette perte. Les Officiers qui entroient en quartier d'hyver, lui fournirent des moyens de consolation, & lui firent perdre de vuë un cœur qui rentroit dans son devoir; exemple plus aisé à admirer qu'à suivre.

Ces deux tendres Epoux se voyant sans enfans, & commençant à perdre l'espérance d'en avoir, firent venir chez eux Turreville un de leurs neveux, frais émoulu des Académies, bienfait, étourdi & entreprenant. J'eus occasion de le connoître ; il se prit tout de suite de belle passion pour moi. Il me l'avoua, avant même de la sentir.

Je n'étois pas en état de disposer de mon cœur ; il tenoit toujours à Dureal, quelqu'effort que je fisse pour l'en éloigner ; cela ne dépendoit pas de moi. En même tems je n'étois point fâchée de l'amour que j'avois inspiré à Turreville ; je le voyois avec plaisir ; je lui cachois avec soin que j'étois sensible à celui qu'il prenoit pour me plaire. Mon cœur étoit si vif, qu'il avoit besoin d'une occupation qui ne fût pas éloignée ; mais il ne cherchoit que le frivole, sans aller jamais à l'eſſentiel & au véritable but d'un attachement de cette eſpéce.

Bientôt après M. Meſſin réſolut de marier ſon neveu ; il avoit en main un parti très-avantageux, & même meilleur qu'il n'auroit oſé le prétendre. On lui en fit l'ouverture, il balança ; preſſé de l'accepter, il le refuſa ; & plein de ſa tendreſſe, il vint m'en faire un ſacrifice. Quelque penchant que j'euſſe pour lui, je ne pus m'empêcher de le blâmer de ne pas ſe prêter aux vûes de ſa famille ; je lui mis devant les yeux ſon étourderie dans toute ſa valeur. Au fond du cœur je le plaignois, & tout haut je le bruſquois ; c'étoit un effort de reconnoiſſance que je devois à ſes parens.

La famille de Turreville ne pénétroit point les raiſons de l'éloignement qu'il avoit pour ce mariage ; comme on ſçavoit que j'avois quelque aſcendant ſur ſon eſprit, on me chargea de l'engager à répondre aux bontés qu'on avoit pour lui. Je m'en acquittai de bonne foi. Il attribua dabord mes ſollicitations à un dégoût marqué; je ne m'en défendis pas, il eut alors la fatuité de n'en vouloir rien croire; mais enſuite il devina la nobleſſe de mon procédé, il m'en tint compte, & m'en eſtima davantage; car on tire parti de tout, pour anoblir, & pour embellir ce qu'on aime.

Je ne pûs m'empêcher de dire à ſes parens que j'avois découvert qu'il avoit une inclination qui étoit un obſtacle à ce mariage. Ne ſeroit-ce pas celle qu'il a pour vous, Mademoiſelle, me dit M. Meſſin d'un air aſſez froid? Comme j'allois m'en défendre, il me préſenta un billet anonyme conçu en ces termes.

» Turreville ne rentrera dans
» son devoir, qu'autant que vous
» éloignerez la Rozen, dont il ne
» sçauroit se détacher. Elle est
» son conseil privé, & l'ame de
» ses plaisirs. Faites-les observer;
» vous serez bientôt instruits de
» ce qui se passe, & d'où vient
» tant de dégout pour le maria-
» ge que vous lui proposez. »

Bon ! m'écriai-je alors, sans me déconcerter, c'est l'écriture de Lolotte; elle me fait bien de l'honneur; elle me suppose beaucoup de charmes, ou un grand manége. En prenant la chose au sérieux, infailliblement je l'aurois persuadée, la plaisanterie me réussit à merveille; & j'en ris comme une folle. Je ne laissai point ignorer les raisons de haine que cette petite créature avoit contre moi, ni son mariage que j'avois jusqu'alors enseveli dans le plus profond silence. Je rapportai fidélement la scene que j'avois euë avec Passe, par demande & par réponse, sans rien omettre de l'éloge qu'il m'avoit fait de la vertu de Lolotte. On s'en amusa beaucoup, & l'on ne crut rien de ce qu'elle marquoit.

Je fis part à Turreville qui survint dans ce moment, du billet que ses parens avoient reçu. Je lui parlai très vivement devant eux; il prit feu; il vouloit se venger de Lolotte, & je l'en détournai. Je l'exhortai beaucoup, & de bonne foi, à répondre aux bontés de sa famille. Il ne repliquoit rien, mais de tems en tems il lançoit sur moi des regards foudroyans. On me sçut gré de la façon dont je lui avois parlé, & je m'en sçavois encore plus, d'avoir eu la force de le faire.

Turreville piqué ne manqua pas de venir chez moi à l'entrée de la nuit ; je lui parlai encore plus sérieusement. Il se fâcha, il murmura, & finit par pleurer, car c'est là le grand cheval de bataille des amans qui veulent persuader, & attendrir. En un mot, il refusoit de se marier, pour pouvoir vivre avec moi. Voilà le beau projet de cet étourdi, qui se seroit perdu sans ressource, si je n'avois eu assez de fermeté pour y donner ordre.

Un projet aussi extravagant n'étoit pas sans exemple ; mais mon ingratitude n'en auroit point eu. Turreville attendoit tout des bontés de son oncle qui l'aimoit beaucoup, quoiqu'il ne fût guères aimable vis-à-vis de sa famille. Je lui promis de ne plus lui parler de ce mariage, & je lui tins singuliément parole. Je pris dès ce moment la ferme résolution de sacrifier le penchant que j'avois pour lui, aux bienfaits dont son oncle m'avoit si généreusement comblée. Il auroit été cruel qu'ils eussent tourné contre lui-même.

A peine Dureville étoit-il sorti, qu'un Officier du Régiment où Duréal étoit entré, vint me voir en passant par cette ville. Son camarade l'avoit chargé de cette commission, & de s'informer de ma conduite. Il me dit qu'on lui avoit écrit des horreurs sur mon compte; mais que si je n'avois rien à me reprocher, il seroit toujours aussi tendre. Il me conseilla de lui écrire, il me donna pour cet effet son adresse; il me promit d'en faire autant de son côté.

J'avois résolu de me mettre dans un Couvent, mais cette résolution tomba dès ce moment, sans perdre de vuë le dessein de m'éloigner de Turreville, je fus forte par la foibleſſe que j'avois pour Dureal ; il ne me paroiſſoit plus coupable ; c'étoit de ſa part excès de ſenſibilité, plutôt que de mépris. Je me diſpoſai tout de ſuite à faire le voyage de Paris. Je vendis à la hâte tous mes effets, & par conſéquent très-mal ; j'étois encore très-contente du marché. J'allois le voir, me juſtifier, & en même tems rendre Turreville aux vœux de ſa famille. Mais comme un éloignement, une ſimple inconſtance n'auroit pas produit aſſez promptement ſon effet ſur le cœur de cet étourdi, je voulus y mettre un petit vernis de perfidie. Dans les grandes ſituations il faut frapper les grands coups. Je partis ſans qu'il en ſçût rien. On va voir dans ce billet de quelle façon je lui fis mes adieux.

» Vous avez voulu me per-

» suader que vous m'aimiez, » peut-être avez-vous cru que » j'y étois sensible, en tout cas » en vous trompant, je m'abusois » moi-même. Le souvenir de » Dureal a éclairé mon cœur, » & je sens que sa présence est » nécessaire à mon bonheur. Je » vous rends à votre famille, à » vous-même, en volant dans » les bras de mon véritable amant. » Mettez à profit mon incons- » tance, & qu'elle vous serve de » leçon »

Une pareille *équipée* pouvoit me deshonorer dans l'esprit de mes bienfaicteurs ; il y avoit une façon de la faire valoir ; & j'en profitai pour me ménager leur estime. Je laissai en même tems cette lettre pour M. Mesiin.

» Par excès de reconnoissan- » ce je m'arrache à vos bontés ; » c'est le seul moyen de faire » rentrer Turreville dans son de-

» voir. Je lui écris que je vole » dans les bras de Dureal ; si je » ne lui avois paru qu'inconstan-» te, il auroit pû s'opiniâtrer, & » se flatter de me fixer ; il faut » que ma conduite ait le carac-» tére de la perfidie la plus noi-» re, pour le détacher entiere-» ment de moi. Il est tems que » je répare mes étourderies. Je » m'en punis en m'éloignant. Je » m'arrache brusquement à cette » passion naissante. Ces passions » nous maîtrisent toujours, lors-» que nous voulons temporiser » avec elles. Je pars pénétrée de » vos bienfaits, & occupée du » soin de les mériter.

Mon éloignement produisit l'effet que j'en avois attendu. Etant arrivée à Paris, j'y cherchai inutilement Dureal, il étoit retourné à son Régiment. Je fis dans cette Ville beaucoup de mauvaiſes connoiſſances. Je me livrai à ce tourbillon de femmes qui ne ſont pas difficiles ſur le choix de leurs amis. Elles me mirent tout de ſuite au courant de toutes les intrigues ; elles m'endoctrinerent tout au mieux. Une extrême diſſipation m'empêchoit de réfléchir ſur la ſituation où je me trouvois ; elle n'étoit pas encore critique, mais elle pouvoit le devenir. J'avois des reſſources que j'avois négligées depuis longtems, & que je ne voulois pas mettre en uſage. Les réfléxions prenoient ſur mon embonpoint ; j'aimai mieux avoir moins de bon ſens, que moins de ſanté, & j'uſai avec ſuccès de ce régime.

Dans ces circonſtances, l'Ambaſſadeur de Perſe arriva dans cette Ville ; en racontant ſon hiſtoire je ſuivrai la mienne.

On trouvera peut-être ma conduite un peu trop légère, mais le bonheur en couvre le ridicule.

La Cour de Perse avoit donné, à la sollicitation de la Porte, des ordres pour faire chasser de l'Asie les Missionnaires & les Marchands François. J'ai toujours ignoré les motifs qui avoient fait agir le Grand Seigneur ; & par quelle aveugle condescendance le Sophi s'étoit prêté à cette bizarrerie. La politique des Cours ne fut jamais ma partie dominante.

Louis XIV. dont les conquêtes rapides allarmoient les Puissances le plus éloignées, étoit indigné de ce qu'on avoit violé le droit des gens. La Cour d'Hispahan voulut prévenir les justes plaintes, ou plutôt les menaces de ce Monarque ; elle lui envoya un Ambaſſadeur pour renouveller le Traité de la liberté de Commerce établi entre ces deux Nations.

Il s'agiſſoit de dérober à la Porte la connoiſſance de cette ambaſſade. On chargea à cet effet le Kam d'Erivan du choix d'un Officier en état de remplir cette brillante commiſſion, avec ordre de le faire traverſer tout de ſuite les Etats du Grand-Seigneur, avant que cette nouvelle y fût parvenuë. Si l'on avoit envoyé quelque Seigneur de la Cour même d'Hiſpahan, le ſecret du Miniſtere auroit pû percer, la Porte auroit agi pour empêcher cette démarche ; & comme elle avoit inſpiré cette violence, elle auroit bien pû s'oppoſer à l'honneur du repentir.

Le Kam jetta les yeux ſur

Mehemet Riza-beg Général de la Cavalerie de Perſe, Intendant de la Province de Ivira voiſine de la Turquie. On lui remit en même tems les lettres de créance, les ordres particuliers, les inſtructions, & les préſens deſtinés pour le Roi de France.

Riza-beg extrêmement flatté de ce choix, pour ne pas s'écarter des vuës de ſa Cour, bruſqua les préparatifs de ſon voyage, & ſe rendit tout de ſuite à Smirne. En arrivant il eut la précaution de remettre au Conſul de France les préſens & ſes papiers. Celui-ci les confia à un riche Négociant Arménien prêt à partir pour Marſeille.

Il n'étoit pas poſſible que ſon Excellence s'embarquât ſur le même Vaiſſeau : outre qu'il n'y avoit point de place, ſes Equipages étoient entre les mains du

Grand Douanier, à qui il avoit déclaré qu'il alloit en pélerinage à la Mecque. (Ces ſortes de dévotions & les voyages aux Eaux, cachent preſque toujours des myſtéres.) Sa ſuite trop nombreuſe pour la ſainteté de ce deſſein, & ſes gens qui s'étoient coupés dans les queſtions qu'on leur avoit faites, donnérent lieu à des ſoupçons. On le fit obſerver; il en fut inſtruit; il crut tromper la vigilance de ceux qui étoient chargés de ce ſoin, en allant à Conſtantinople, où il fut arrêté un moment après ſon arrivée.

La Cour de Perſe apprit l'empriſonnement de ſon Miniſtre; mais comme elle vouloit encore envelopper cette démarche dans les ombres de la politique, elle ne jugea pas à propos de le reclamer. Les maximes d'Etat s'étendent juſques ſur les moindres événemens. La prudence eſt l'ame des ſuccès, & tout le bonheur d'une Nation porte ſur elle.

Le chagrin de ſe voir arrêté comme un criminel, la crainte qu'on ne l'accusât à Hiſpahan de quelque étourderie, & l'incertitude de ſon ſort, tout cela prit ſi vivement ſur ſa ſanté, qu'il fut attaqué d'une fiévre violente, & d'une eſquinancie qui lui ôtoit entiérement la reſpiration. On ne tarda pas à l'interroger; on lui annonça cette formalité de Juſtice, & comme il n'avoit qu'une Lettre-de-Change de cent mille livres ſur un Négociant de Marſeille, qui pût ſervir de preuve contre lui, il réſolut, dans la crainte qu'on ne le fouillât, de la mettre en piéces pour l'avaler plus aiſément; mais les Commiſſaires étant ſurvenus dans le moment où il les attendoit le moins, il prit

prit le parti de n'en faire qu'un morceau. Cette eſpéce de bouchon s'étant arrêté ſur la luëte qui étoit extrêmement enflée, l'empêchoit de reſpirer ; il ſuffoquoit ; il faiſoit des grimaces épouvantables. On le crut furieux ; en effet il avoit raiſon de l'être. On alloit le faire enchaîner, lorſqu'on connut qu'il y avoit quelque choſe d'extraordinaire. On lui fit prendre un verre de Sorbec qui le tira d'affaires. Graces au danger qu'il venoit de courir, on ne trouva rien qui fût contraire à ſa déclaration. On lui fit eſpérer la liberté. Cette eſpérance contribua beaucoup au rétabliſſement de ſa ſanté. Sa tranquillité adoucit le poids de ſon infortune ; & ſa conſtance l'en débarraſſa.

On fixa le tems de ſa liberté

au départ de la caravane pour la Mecque.

Deux jours avant ce pélerinage, on le remit entre les mains d'un Chiaoux Bachi qui étoit obligé d'en répondre. Celui-ci peu attentif à l'obſerver, ou gagné peut-être, lui ménagea les moyens d'avoir un entretien ſecret avec l'Ambaſſadeur de France; Rizabeg prit avec ce Miniſtre les meſures les plus convenables pour ſa fuite, & pour ſon paſſage. Padery Athénien ſecrétaire interprête, alla ſur un vaiſſeau François l'attendre à Aléxandrette, pour le recevoir, au cas qu'il pût s'échapper de la caravane.

Le Miniſtre Aſiatique connoiſſoit le danger de ſa ſituation; une trop grande joye pouvoit lui nuire; une crainte trop raiſonnée pouvoit auſſi lui donner un air embarraſſé. Tout excès méne au mal ; il modéra l'un par l'autre, & il trompa les yeux les plus clair-voyans.

On ne manqua pas de recommander à ceux qui étoient chargés de la conduite de la caravane, d'obſerver de près Rizabeg & ſa ſuite ; ce Miniſtre de ſon côté, pour donner lieu à plus de confiance, fit ſemblant de ne pas s'appercevoir des précautions qu'on prenoit pour s'aſſurer de lui ; au contraire il affecta de ſe rendre néceſſaire ; de s'intéreſſer au bon ordre ; d'être attentif à la régularité des cérémonies ; de faire ſes priéres avec des contorſions auſſi violentes que s'il avoit encore la lettre de change engagée ſur la lüette. Tous ces dehors en impoſérent aux conducteurs. Ils crurent qu'il n'étoit plus néceſſaire d'avoir les yeux ſur lui ; & qu'un motif de reconnoiſſance fixeroit ſa fidélité. Cette derniére réfléxion n'étoit point entrée dans ſon plan ; & il ſaiſit le premier moment de confiance, pour prouver qu'on avoit eu tort d'en avoir.

A la troiſiéme journée il s'échapa dans la nuit, pour ſe rendre à Aléxandrette, où Padery l'attendoit. Il s'embarqua, quoique le tems ne fût pas propre pour la navigation ; mais la crainte eſt un vent qui méne loin. Il n'avoit plus, s'il eût été ratrapé, le prétexte d'un pélerinage à la Mecque. Il partit ſans ſes tentes, & ſans ſes bagages. Il avoit toujours eſpéré qu'il rempliroit les projets de la Cour d'Hiſpahan, ſans l'intéreſſer à ſa liberté ; il en vint à bout. On eſt toujours éloigné du ſuccès de ſon entrepriſe, quand on se persuade qu'on ne réussira pas.

Un personnage aussi intéressant vaut bien la peine d'être détaillé. Je vais donner ici son portrait ; & je veux qu'il ressemble à l'original, n'en déplaise à quelques Ecrivains modernes qui dans les traits de leur Héros, n'offrent que le désordre de leur imagination ; & nous laissent toujours l'avantage de faire pour la premiere fois connoissance avec ceux qu'il veulent nous représenter.

La taille de Riza-beg n'avoit rien d'extraordinaire, je commence par-là ; c'est la premiere chose qui frappe notre Séxe. Sa jambe étoit assez bien ; mais en pure perte, puisqu'on ne la voyoit pas. Il avoit le pied *à la Chinoise* (Je cours de la tête aux pieds, ce désordre caractérise le génie) son visage ovale présentoit un tein livide, un front large & découvert ; ſes yeux étoient noirs, & preſque étincelans ; le nez aquilin, les dents extrêmement blanches & bien rangées. Voilà exactement ſa figure.

Son caractére n'eſt pas ſi aiſé à ſaiſir. Né avec beaucoup d'eſprit, il n'avoit que celui de ſon état. Pénétrant juſqu'à la défiance, voluptueux juſqu'à la débauche, vif juſqu'à l'étourderie, décidé juſqu'à l'opiniâtreté, honnête homme juſqu'à la dureté, fidéle à ſes promeſſes, au préjudice même de ſes intérêts, fier juſqu'à la brutalité, plus fantaſque qu'une petite maîtreſſe, plus prévenu en ſa faveur qu'un *talon rouge*, ſes vertus & ſes vices ſe fixoient toujours aux extrêmités. On trouvera dans ce caractére quelques petites contradictions ; mais elles tiennent à mon héros. D'ailleurs les hommes sont si inconséquens, & si opposés à eux-mêmes, qu'on a de la peine à les reconnoître du soir au lendemain ; & souvent même il ne faut qu'un moment pour les perdre de vuë, sans qu'ils changent de place.

Le Capitaine du vaisseau, avoit de la peine à s'éloigner du Port dans un tems qui n'étoit pas favorable; mais la dignité du Passager lui en imposa; & le voyage fut des plus heureux. Après la quarantaine dans le port de Marseille, Riza-beg crut qu'il étoit de la grandeur de son caractère de faire dans cette Ville une Entrée solemnelle. Il en ordonna les preparatifs, sans en avoir prévenu les Magistrats. On en fut instruit ; on lui fit les représentations convenables ; mais il n'étoit pas dans le goût d'en écouter. On s'en apperçut, & l'on prit le parti de s'y oppoſer formellement, en faiſant entendre que cette cérémonie étoit réſervée pour la Capitale du Royaume.

Rizabeg n'inſiſta plus ; il fit ſemblant de ſe rendre à ces raiſons ; mais plus opiniâtre que les Provençaux même, il attendit que les Députés du corps de Ville fuſſent ſortis, pour exécuter ſon projet. Il s'embaraſſa fort peu du cortége, & de tous les acceſſoires que les Villes ajoutent pour augmenter l'éclat d'une pareille cérémonie. Il étoit ſans façon juſques dans les grandes choſes.

Etant monté à cheval précédé de quelques *Maraboux*, & au milieu de ſes Officiers, il ſe promena pompeuſement dans toutes les rues, le cimeterre d'une main, & de l'autre portant une vénérable pipe à replis tortueux.

Une pareille nouveauté, le silence & la singularité de la marche, la gravité de son Excellence & de son cortége, l'air imposant de sa barbe & de sa pipe, faisoient, avec la gayeté Provençale, un contraste extrêmement plaisant. Il prit les éclats de rire de la populace pour un effet du plaisir & de l'admiration. L'amour-propre occasionne souvent de pareilles équivoques.

Après cette brillante entrée, il songea plus sérieusement à sa sortie ; & il se mit en chemin pour se rendre à Paris. A six lieuës de Lyon, il ne trouva pas assez belle l'hôtellerie qu'on lui avoit destinée. Il se décida pour l'Eglise du lieu qui avoit plus gra de apparence. Les habitans s'étant opposés à l'enfoncement des portes, dont on lui refusoit les clefs, il alla se loger dans une maison de campagne qui se présentoit assez joliment sur une hauteur; & quoiqu'il n'y eût personne pour le recevoir, il s'en fit ouvrir les portes, y soupa bien, & dormit de même, quoiqu'avec un mauvais repas, & mal à son aise.

Ebloui de la grandeur du Maître qu'il représentoit, il croyoit que tout devoit céder à ses caprices. La petite mortification qu'il avoit euë à Constantinople, ne l'avoit rendu ni plus circonspect, ni plus poli. L'éducation est un peu tardive chez les Asiatiques; & chez nous elle est si prématurée, qu'on en oublie les principes, quand il faut en venir à l'application.

Les grands hommes ont souvent de petites fantaisies; Rizabeg en avoit plus qu'un autre. Ayant apperçu aux environs de Moulins un cadavre exposé sur une rouë, il s'en approcha pour mieux jouir de cet affreux spectacle. Il le considéra d'un air riant, & très-attentif. Cette maniere de punir les hommes, lui parut plaisante & bien imaginée elle avoit un certain piquant capable de l'amuser; aussi ne fut-il pas plutôt entré dans la Ville, qu'il demanda le divertissement d'une pareille exécution. On lui assura qu'il n'y avoit dans les prisons aucun criminel qui méritât ce supplice. Il trouva fort mauvais qu'il n'y eût personne dans le goût de se faire rompre, pour lui faire plaisir. Il offroit aux Magistrats un de ses gens, dont il garantissoit la complaisance. Alors on lui représenta que les Loix divines ni humaines, ne permettoient pas de donner la mort ſans qu'on l'eût méritée. Cela lui parut très-ſingulier, & ſurtout qu'on voulût être caution de l'innocence de celui qu'il propoſoit pour ce petit divertiſſement *. » Eh que ſçavez-vous? diſoit-il, tant bien que mal, « peut-être en » mérite-t-il davantage. Pouvez- » vous en répondre, puiſque » vous ne l'avez jamais vû? Cela » eſt auſſi pitoyable, que ſi je me » mêlois d'aſſurer que vous ne le » méritez pas. Il eſt conſtant que » vous me ririez au nez, & vous » auriez raiſon. Il faut convenir » que les François ne ſont guè- » res complaiſans pour les Etran- » gers. Eh, pourquoi veulent-

* On auroit peut-être bien fait de paſſer ce raiſonnement, parce qu'à chaque inſtant on eſt à portée d'en entendre d'auſſi ridicules.

» ils que nous le ſoyons plus » pour leurs Miſſionnaires, & » pour leurs Marchands ! S'ils » paſſent jamais par Ivira, je » n'oublirai point ce qui m'ar- » rive aujourd'hui ; & ſurtout » s'ils ont le bonheur d'être Ma- » giſtrats de Moulins. »

La Ville de Marſeille s'étoit oppoſée à ſon Entrée ; on lui avoit refuſé les portes d'une Egliſe dont il vouloit faire ſon cabaret ; on ne daignoit rompre perſonne pour l'amuſer ; tous ces petits caprices de la part des François * le prévinrent très-mal en leur faveur ; & tout cela influa beaucoup ſur ſa conduite pendant ſon ſéjour dans ce Royaume. Quelques particularités feront mieux ſortir ſon caractére, que

* Il n'avoit étudié les mœurs de cette Nation que dans des Livres faits alors depuis cinq à ſix ans. Le moyen de la reconnoître !

le portrait que j'ai fait.

Le Baron de Breteuil Introducteur des Ambaſſadeurs, étant allé de la part du Roi juſqu'à Charenton, pour le complimenter à ſon arrivée, il ne daigna pas ſe lever, & le reçut aſſis ſur un tapis à la maniére Orientale. Cette petite impoliteſſe ne frapa point dabord; comme on crut qu'il ignoroit les uſages, on ne la releva pas. Mais ayant voulu ſe conduire de même à l'égard du Maréchal de France déſigné pour l'accompagner à ſon Entrée, le même Introducteur prit la liberté de lui repréſenter que le caractére dont il étoit revêtu, ne le diſpenſoit point de le recevoir de bout, ce qu'il refuſa, en diſant qu'*il ne ſe leveroit qu'auprès de la Perſonne du Roi, & qu'il conſidé-*

roit les autres comme des Esclaves. Apprenez-nous, Monsieur, lui dit alors le Baron, *qui vous êtes! Seriez-vous le Roi de Perse? à Dieu ne plaise*, répondit-il humblement, *je ne suis qu'un de ses moindres Esclaves. Eh bien*, continua l'Introducteur, *Esclaves pour Esclaves, rendez en qualité d'Esclave du Roi de Perse, à l'Esclave du Roi mon Maître, les honneurs qu'on vous rend ici.* Cette bonne raison ne le frappa point, il persista dans son opiniâtreté.

L'Introducteur étant descendu pour aller informer le Maréchal de ce qui se passoit, l'Ambassadeur croit ce moment favorable pour éluder le cérémonial qu'on exigeoit de lui; il descend d'un autre côté, va dans la cour, monte le cheval qui lui étoit destiné, & veut en cette posture, recevoir le Maréchal. Le Baron s'en étant apperçu, il arrête le cheval par la bride, oblige son Excellence d'en descendre, il remonte avec lui dans l'appartement, où il se voit tout-à-coup investi par six Domestiques armés d'un fusil qu'ils couchoient en jouë, & n'attendant que l'ordre pour tirer ; un autre portant un sabre nud qu'il alloit présenter à son Maître.

Le Baron voyant cet appareil menaçant, lui dit avec une dignité imposante, qui étoit inséparable de sa place & de son caractére : *Est-ce ainsi, Monsieur, que vous croyez me faire peur ! Sachez que vous êtes dans la Capitale de l'Empereur mon Maître; & que pour six Fusiliers que vous avez là, d'un seul coup de sifflet j'aurai ſix mille hommes qui feront main baſſe ſur vous, & ſur vos gens. Ordonnez tout de ſuite à tous ces gueux qui me manquent de reſpect, de ſe retirer. Vous êtes dans un pays où les violences ſont défenduës, & ſi vous continuez à faire le mauvais, on ſçaura bien vous mettre à la raiſon.* Dès ce moment il en entendit, & devint l'homme du monde le plus attentif & le plus poli.

La ſingularité de ſa conduite, les propos qu'on tenoit ſur ſon compte, ſa commiſſion qui paroiſſoit auſſi extraordinaire, que ſes actions; tout cela redoubla l'empreſſement de le voir.

Certaines femmes chargées de faire aux Etrangers les honneurs de Paris, ne négligérent rien pour lui plaire. Un Amant de cette conſidération, ou plutôt de cette célébrité, donne plus de réputation, que vingt intrigues d'éclat * ; dans le moment on devient à la mode, on eſt couruë, c'eſt le bâton de Maréchal au ſervice de Cythére. Ce n'eſt point aſſez que d'être jolie, il faut ſçavoir encore placer avantageuſement ſa perſonne ; tout dépend de la façon dont on débute ſur ce premier théâtre de l'Univers galant, & qui donne aujourd'hui le ton à tout ce qui reſpire.

D'autres femmes qui croyoient avoir beaucoup d'eſprit, parce qu'on leur avoit ſouvent dit qu'elles en avoient, me firent ſentir la ſolidité de ces maximes par des exemples frapans; je n'en raporte aucun, tout le monde les

* On entend ici de ces intrigues bien avouées & bien ſcandaleuſes, telles que celles de la.... *Devine ſi tu peux, & choiſis ſi tu l'oſes.*

a ſous les yeux. Elles m'étourdiſſoient à force de citations ; mon cœur prenoit toute ſorte d'impreſſions, on éprouvoit ſa ſoupleſſe de toutes les manieres. Il ſe laiſſoit aller aux mouvemens de la vanité & de l'ambition, avec la même facilité, qu'il s'étoit livré à ceux de la tendreſſe. C'étoit un cahos de projets de fortune & de deſirs de grandeur, d'où je ne pouvois me retirer que dans des momens où la raiſon a le ſecret de nous faire réfléchir ſur les moyens de les exécuter.

J'allai voir ſans deſſein cet Ambaſſadeur ; il me fit l'accueil le plus gracieux ; & quoiqu'il fût entouré d'un cercle de jeunes perſonnes, dont la figure avoit plus de prétentions que la mienne, il me diſtingua. Je m'apperçus qu'il me fixoit beaucoup,

& je baiſſai les yeux, comme cela ſe pratiquoit jadis; je tenois encore à cet ancien uſage; il me réuſſit.

Rizabeg frappé de l'air de décence que j'avois mis dans cette viſite, ordonna qu'on me ſuivît pour ſçavoir ma demeure; il avoit déja pris cela de nos François. Le ridicule & l'impertinence font ſur l'eſprit des Etrangers, des progrès auſſi rapides, qu'inconcevables.

On trouve partout des Cavaliers officieux qui ſervent de Mentors à tous les Etrangers, & qui ſe mettent avec plaiſir de moitié de toutes leurs ſotiſes. Le Chevalier *Enblanc* * étoit de ce nombre. Quoique je ne l'euſſe jamais vû, il vint le lendemain chez moi avec un air fort aiſé, pour m'annoncer que Rizabeg

* Faute d'impreſſion bien ſenſible.

étoit épris de mes charmes, & qu'il vouloit ſouper le ſoir même avec moi. Je lui répondis que ſon Excellence avoit bien de la bonté, & lui-même encore plus, mais que depuis longtems j'étois à la diéte Blanche; & que je ne la dérangerois ni pour tous les ordres de Chevalerie enſemble, ni pour toutes les Excellences des corps politiques. Je le priai en même tems très-poliment de ſe lever d'une *chaïſe longue* où il ſembloit s'être établi *à demeure*. Il douta dabord s'il ſe ſeroit trompé; il prétendoit m'avoir déja trouvée à de petits ſoupers; il m'aſſuroit même.... que ſçai-je?... des bêtiſes qu'il prenoit dans ſa tête, & qu'il vouloit me perſuader; voilà le plus plaiſant.

Je m'apperçus que ſa viſite étoit une impertinence décidée, je lui parlai très-ſérieuſement, il en fit alors de même. Il étoit déſeſpéré, diſoit-il, par rapport à moi, de l'éloignement que je témoignois pour ſon Excellence. L'affaire pouvoit devenir plus ſérieuſe, que je ne le penſois. Il n'étoit pas queſtion d'une fantaiſie; il étoit trop galant homme pour ſe prèter à ces miſéres. Rizabeg, continuoit-il, avoit formé un projet tel, qu'il n'y avoit qu'une perſonne comme moi, qui pût le juſtifier. Bref il vouloit ſe marier en France, ſans s'aſſujettir à l'état, à la condition, ni à la fortune de la perſonne qui fixeroit ſon choix.

Cette nouvelle me parut ſi extravagante, que je lui répondis par un grand éclat de rire. Il me dit bien qu'elle lui paroiſſoit auſſi ridicule, qu'à moi; mais qu'elle n'en étoit pas moins vraie; que je ne m'engagerois à rien en ſuivant cette affaire de loin, & que ſi je le jugeois à propos, il ſe *faiſoit fort* du ſuccès.

Enſuite il entra dans des détails étonnans; car ces Meſſieurs ont l'art de perſuader, quoiqu'ils ne parlent point pour leur compte. Je ne conſentis pas au ſouper; je lui promis ſeulement de lui donner de mes nouvelles.

Il ne fut pas plutôt ſorti, que j'allai faire part de cette converſation à une femme très-verſée dans ces ſortes de matiéres; elle inſiſta encore plus que le Chevalier; elle vouloit ſe charger de conduire cette affaire à *ſon point*. Elle m'entraîna chez une Elève de la *Jobin* qui prétendoit avoir le talent de lire dans l'avenir. Après quelques cérémonies & la taſſe de caffé, qui étoit le Livre du deſtin, la Sybille moderne m'aſſura que le ſort s'étoit déclaré pour moi ; & à force de me promettre que je ferois tourner la tête à Rizabeg, elle fit en effet tourner la mienne ; le prodige n'étoit pas grand.

Je m'en rapportai plus à cette prédiction ; qu'aux propos du Chevalier. J'en acceptai l'augure. Cette ideé de grandeur, ou plutôt cette éſpérance, me donna un air de gayeté qui animoit tous mes traits, & la vivacité de mes regards ſembloit annoncer mon triomphe. La confiance & l'eſpoir ſont l'ame des graces & de la beauté. Je retournai à l'Hôtel de l'Ambaſſadeur, où je me préſentai avec cet air aiſé qui tient un juſte milieu entre l'effronterie & la timidité.

Auſſitôt que Rizabeg m'eut apperçuë, il vint au-devant de moi,

moi ; il m'accabla de ces politesses qui vont toujours au-delà de l'amour-propre ; il me fit un compliment qui n'étoit pas absolument si mal tourné (je commençois à m'y connoître un peu) il le prononça assez bien, pour que je pusse le comprendre ; & quoique ses expressions fussent un peu Asiatiques, je n'y trouvai pas beaucoup de différence avec celles dont nos Petits-Maîtres nous étourdissent tous les jours. Ils sont de ce côté, un peu Orientaux, & malheureusement ils ne le sont pas au moment où * il faudroit l'être.

Les attentions marquées qu'il eut pour moi, produisirent dabord tout l'effet qu'il devoit en espérer. La prédiction de la Sybille

* Il n'y a seulement pas là de nécessité absoluë, mais morale & de bienséance. *Lisez la Vie de Ninon Lenclos.*

étoit en bon train, & ma visite fut longue. Le Chevalier qui ne le quittoit presque jamais, lui avoit rendu compte de celle qu'il m'avoit faite ; il m'assura, en particulier, que mon air difficile avoit pris, & que je le *tenois*.

Mon Séxe & les égards que Rizabeg me témoignoit, me donnerent la liberté de lui faire des questions. Je ne m'écartois guères de celles qui m'intéressoient le plus. On m'avoit assuré qu'il avoit douze femmes ; je voulus le sçavoir de lui-même. Il en convint, en me disant que, s'il en avoit trouvé une aussi aimable, il se seroit fait un plaisir d'y borner tous ses voeux.

J'eus tout lieu d'être contente de cette visite. Ma démarche étoit hazardée ; mais on n'en a pas de compte à rendre, dès que le succès en est heureux ; & l'on m'embarrasseroit beaucoup, si on m'obligeoit à donner des raisons de toute ma conduite.

Après plusieurs visites qu'il me fit avec beaucoup de précaution, Il me parla très-sérieusement de mariage. Voilà de ces bonnes fortunes auxquelles on ne pourroit jamais s'attendre, & qui ont un air de plaisanterie. Je le crus de même ; je le lui témoignai. Il me jura par le grand Dieu des Batailles, par son Sophi, par son cimeterre, & par la maudite lettre de change qu'il avoit avalée, qu'il étoit très-vivement épris de mes charmes, & qu'à son retour, il répudieroit toutes ses femmes, pour s'attacher uniquement à moi. Ce détachement étoit grand pour un Asiatique ; j'en connoissois tout le prix ; je sacrifiai mon dégout à la reconnoissance, & mes plaisirs à l'ambition. Il exigea seulement un profond mystére sur notre mariage, & que je passerois pour sa maîtresse *en titre*. Il sentoit le ridicule de cette alliance ; & je n'étois pas absolument bien pénétrée de l'humiliation de l'état de fille *entretenuë*. Je m'estimois trop heureuse d'être, à quelque titre que ce fût, la femme d'un Ambassadeur.

La cérémonie de notre mariage fut aussi burlesque, aussi secrette, & aussi triste qu'il pouvoit le desirer. Son *Lousman* nous unit dans l'hôtel même. Ce bonheur me paroissoit un songe. Il donna à notre union un ton de bonne fortune, & d'intrigue réglée, dont tout le monde fut la dupe. On me crut simplement à ses gages ; & ma probité se fit un devoir de ne pas démentir les apparences.

Notre mariage étoit aussi extraordinaire, que son ambassade; mais la suite le fut moins; & l'expérience m'apprit qu'un Persan avoit trop de douze femmes; ou que ces douze femmes n'avoient pas assez d'un Persan. On avoit raconté des prodiges des honneurs qu'il rendoit à notre Séxe; une imagination libertine en avoit fixé le calcul; on se faisoit un plaisir de ne pas le chicaner, pour avoir occasion de se plaindre de ceux qui ne nous mettent point dans le cas de calculer si profondément. On voit tant de ces réputations extorquées qui ne tiennent qu'à quelque légère circonstance, ou plutôt à l'amour-propre des femmes qui les établissent.

Riza-beg venoit mystérieusement passer les nuits avec moi; mais quelques précautions qu'il prît, pour en dérober la connoiſſance au Public, on ſavoit toutes les particularités de ſes viſites; on eût dit qu'on en donnoit, tous les matins, le bulletin à ma porte. Il n'y avoit qu'un Article qui étoit un peu forcé; mais j'étois trop jalouſe de la réputation de mes charmes, pour démentir cet heureux bruit. Rafinement d'amour-propre aſſez follement entendu, & qui devient à la mode.

Toutes les plaiſanteries qu'on faiſoit ſur notre compte, prenoient dans le Monde, & me donnoient un air de conſidération. On me fixoit au Palais Royal; on en parloit tout haut dans les Foyers; j'eus dès ce moment un titre pour me préſenter au grand Balcon de la Comédie Italienne * *du côté de*

* Voyez ce balcon quand il eſt paré, & le Recueil des Priviléges & Immunités des Veſtales de Paris, *ſous preſſe.*

la Reine. On me chansonna très-bien, & je fis mieux, je chantai ces chansons. Je riois de la bonne foi du Public, de la jalousie des femmes d'un certain état, de l'envie que j'excitois parmi les Bourgeoises, & du mépris des Femmes *comme il faut*. En un mot je me moquois tout haut de ceux, dont la malignité oisive se jouë de l'activité des foiblesses des autres.

J'éloignerai d'ici tout le merveilleux de cette ambassade qu'on mettoit au rang des fictions. Je puis du moins protester * en connoissance de cause, que l'Ambassadeur n'étoit pas la Chimère de... c'étoit plutôt un hommage que le grand Sophi

* Scarron dans ses Nouvelles dit: *Il lui fit des protestations, mais à force d'en vouloir faire de trop grandes & de trop belles, il en fit d'impertinentes.* Que penseroit-il de celle-ci?

rendoit aux vertus éclatantes de Louis XIV. qu'une discussion d'affaires & d'intérêt ; ce qui dispensoit Riza-Beg d'aller souvent à Versailles, & de conférer avec les Ministres de France, & des Cours Etrangères.

Il n'aimoit pas cette agitation continuelle qu'on voit dans les Palais des Rois, cet empressement, ni cet air *affairé* qu'on affecte dans le sein même de l'oisiveté. Il auroit préféré ces Cours qui ressemblent à ces vastes Tombeaux d'Asie, où ne sont renfermés que des corps sans mouvement, & sans ame.

Trop prévenu contre notre Nation, dont il ne mesuroit que la superficie, il se lia avec très-peu de monde. On lui avoit fait si peu de grace, qu'il n'en voulut faire à personne.

Après un mois de séjour dont

il avoit passé la plus grande partie avec moi, dans une maison de Chaillot, il eut son audience de congé.

J'étois grosse; & malgré cet état, je me faisois un véritable plaisir d'entreprendre le voyage d'Asie. Il me tardoit de voir tomber douze femmes à mes genoux; j'allois jouir de leur humiliation & de leur rage. Quel triomphe pour une coquette! & quel tableau pour l'amour-propre!

Ses complaisances, ses attentions, sa tendresse même, avoient tout obtenu de ma reconnoissance, & rien du penchant. En un mot, je ne l'aimois pas. Cela n'étois pas bien merveilleux; il étoit mon époux: j'étois au ton du jour; cependant j'aurois été fâchée qu'il se fût apperçu de mon indifférence; au lieu que les autres femmes ne s'en embarassent guère. Voilà toute la différence qu'il y avoit entr'elles & moi.

Le Public qui ignoroit encore notre mariage, fut très étonné de voir que je suivois Riza-beg dans son Pays. Je ne rapporte point tous les propos singuliers qu'on tint sur notre compte. * Nous nous rendîmes au Havre, où nous montâmes *l'Astrée*, Frégate équipée aux dépens du Roi, pour le conduire jusqu'en Dannemark.

Riza-beg avoit choisi cette route, pour éviter les Etats du Grand-Seigneur, où il craignoit quelque nouvelle violence. Le bruit de son ambassade s'étoit répandu partout. Il avoit encore à Paris une indigestion de la Lettre de

* Voyez le Journal de Verdun, & surtout les XXIV. & XXV. Tomes.

Change qu'il avoit avalée à Constantinople. La Caravane de la Mecque qu'il avoit commencée malgré lui, ne lui avoit point paruë excessivement amusante. Tout cela le détermina à se rendre en Asie par le Nord.

Je m'abandonnai sans peine à sa tendresse, & à sa probité. Il y avoit longtems que mon parti étoit pris ; & je n'avois point fait mes réfléxions après coup. Il est vrai que le désespoir y entroit pour quelque chose ; je voulois m'éloigner de tout ce qui pouvoit me rappeller le souvenir de Dureal. Il m'avoit offensée, mais mon amour humilié n'étoit rien en comparaison de mon ambition. J'étois aimée de Riza-beg ; je disposois entiérement de son cœur ; & je n'en faisois pas un mauvais usage. Je sçavois qu'il ne me manqueroit point ;

ſi je lui avois témoigné la moindre défiance, la crainte m'auroit cauſé ce malheur; & mon eſpérance portoit des reſſources avec elle.

Dans notre navigation tout le monde s'empreſſoit de me témoigner des attentions infinies. Riza-beg prétendoit que les ſiennes étoient aſſez grandes, pour diſpenſer les autres d'en avoir. Le Capitaine ne penſa pas de même. Plus galant que ne le ſont ordinairement les perſonnes de ſon état, il me faiſoit très-aſſiduement ſa Cour. Il avoit de l'eſprit, il étoit vif, enjoué; il tiroit parti de la moindre choſe pour nous amuſer; en un mot, j'étois charmé de *l'avoir*; quoiqu'il ſe moquât un peu de ma conquête. Il ignoroit où nous en étions enſemble; & il avoit pris le change ſur mon état; ma grossesse ne le dépaysoit pas ; il la regardoit comme un mal d'avanture. Un peu plus de politesse l'auroit rendu encore plus aimable. Il faut moins exiger des hommes pour en obtenir davantage. Comme il étoit avec moi sans dessein, il agissoit sans circonspection : l'Excellence Persanne s'y méprit, elle en devint jalouse.

Cette petite attaque de jalousie me donna bonne opinion de sa tendresse. J'ai toujours sçu tourner ces tracasseries au profit de l'amour-propre. Cependant je n'osois déclarer au Capitaine ce qui se passoit dans le cœur de mon Epoux ; je ne voulois pas le rendre fat, ni lui faire naître des prétentions.

Une imagination effrayée trouve souvent le moyen de réaliser les chimères.

Le neuviéme jour nous essuyames une horrible tempête * la mer en fureur faisoit passer son agitation dans notre ame ; des nuages affreux, en nous dérobant le jour, nous éclairoient sur le danger ; les vents déchaînés sembloient à chaque instant entr'ouvrir le vaisseau ; l'horreur de ce spectacle n'étoit comparable, qu'à celle que nous ressentions. Nous comptions tous périr ; je tenois beaucoup à la vie ; j'avois toujours devant les yeux l'humiliation des douze femmes de Riza-beg ; leur répudiation étoit un triomphe que je ménageois à ma petite vanité ; & qui me dédomageoit de certains dégoûts. Il eût été bien

* Il faut bien dans un récit d'avantures, un événement de cette force ; mais nous nous en serions bien passés dans notre voyage.

cruel de faire naufrage avec de si bonnes dispositions, & dans un si beau chemin pour mon élévation.

La manœuvre du vaisseau étant abandonnée, le Capitaine descendit dans notre chambre pour nous consoler, ou plutôt pour nous cacher le danger. Mon état & mon Séxe l'intéressoient beaucoup; il crut que j'avois plus besoin de consolation, que Rizabeg qu'il n'aimoit pas excessivement. Il fit tout ce qu'il put pour me rassurer. Il me dit à l'oreille que si le vaisseau venoit à périr, il me feroit passer dans la chaloupe; & que n'étant qu'à cinq lieuës d'une Côte, il seroit aisé d'y aborder.

Cette ressource me donna un air de satisfaction. Son Excellence qui étudioit tous mes mouvemens, crut qu'il m'avoit tenu quelque propos galant ; elle se leva précipitament. Le Capitaine en fit autant ; dans cet instant même un coup de vent jetta presqu'entiérement notre vaisseau sur le côté, & nous tombâmes tous les trois les uns sur les autres. Cette chûte nous groupa si singuliérement, que quand le Capitaine l'auroit fait à dessein, il n'auroit pû se placer plus avantageusement pour me faire rougir, & pour désespérer mon amant. Celui-ci trouva la situation trop indécente, pour être naturelle ; ou plutôt trop naturelle, pour n'être pas indécente, c'est au choix du Lecteur. Il en témoigna son mécontentement avec tant de hauteur, & dans des termes si insultans, que notre Marin ne put s'empêcher de lui répondre dans le même goût.

La querelle fut si vive que Rizabeg lui auroit tranché la tête, si je ne me fusse opposée à cette violence. Le Capitaine de son côté, avoit tiré deux pistolets pour faire feu sur lui. Mes cris les désarmérent ; j'eus une attaque de colique des plus cruelles; on craignoit une fausse couche, ce qui occupa plus essentiellement les parties belligérantes. Leur colère avoit commencé par la prévention, & comme le sujet en étoit léger, elle finit par le repentir.

L'orage qui s'étoit élevé dans le vaisseau, sembloit avoir conjuré la tempête. Le vent devint très-favorable. Le Capitaine occupé à rétablir la manœuvre, & à donner ses ordres à l'équipage, n'eut plus le tems de nourrir la jalouse Rizabeg ; &

deux jours après, nous entrâmes dans le port de Hambourg, où, en descendant du vaisseau, son Excellence dit très-serieusement au Capitaine, que, s'il avoit raisonné davantage, il lui auroit tranché la tête avec la même facilité, qu'il le fit à un malheureux valet de pied, qui se trouva par hazard à côté de lui.

Cet excés de cruauté, & d'autres mécontentemens déterminérent une grande partie de ses gens à l'abandonner ; il ne voulut plus remonter *l'Astrée*. Le Capitaine n'étoit pas de son goût, parce qu'il le croyoit du mien. Cela ne diminua rien de sa tendresse.

Nous primes par terre la route de Dantzick, où le mauvais tems nous retint très-à-propos ; car au bout d'un mois j'accouchai d'un gros Persan, qui lui fit un plaiſir infini, & qui dans ce moment ne m'en donna guères.

Au bout de ſix ſemaines, nous nous mîmes en marche pour aller par terre en Ruſſie. Notre ſuite étoit réduite à ſept perſonnes, en y comprenant une bonne & laide nourriſſe que j'avois eu l'attention de choiſir dans ce goût, afin qu'on lui laiſsât le tems d'avoir ſoin de mon enfant. *

A deux journées de cette Ville, nous fumes attaqués par une bande de Voleurs ſi nombreuſe qu'elle auroit intimidé toutes les Excellences de l'Univers. Le piſtolet ſur la gorge, ils s'emparérent de tout; & comme ils n'étoient pas difficiles, ils vou-

* Tout le monde ſçait qu'il faut qu'elles ſoient chaſtes, & néanmoins la plûpart ont le diable au corps. Voyez le Traité de la Nourriſſe, par de Valembert.

lurent bien ſe charger du gros bagage, & j'y fus compriſe.

Les Domeſtiques ayant voulu faire les mutins, furent mis à mort. A l'égard de Rizabeg, on le laiſſa maître du champ de bataille avec la Nourriſſe & l'enfant. Il n'étoit pas queſtion de conſerver cet avantage, mais ſeulement d'aller jouir loin de là des dépouilles du vaincu; elles étoient très-conſidérables: outre les préſens de la Cour de France pour le grand Sophi, il avoit pour plus de trois cent mille livres de bons effets.

Un de ces ſcélérats qui ſe tint toujours maſqué, & pour lequel il paroiſſoit qu'on avoit beaucoup de conſidération, ſe mit dans la chaiſe avec moi. Nous traverſâmes toute la nuit des forêts immenſes, au milieu de la neige, & de la glace. Le lendemain on fit une petite halte au milieu d'un Bois. Je refuſai de prendre la moindre nourriture ; j'étois déſeſpérée, & ſi accablée que je perdis de vuë les douze femmes de Riza-beg que je devois humilier. Je l'étois moi-même plus qu'elles n'auroient jamais pû l'être. Toutes les idées de grandeur s'étoient évanouies ; ma tendreſſe maternelle ne l'étoit pas. Ces malheureux s'arrêtoient de tems en tems, pour me parler une Langue que je n'entendois point, & pour me rire au nez *. Oh pour

* Effet de la mauvaiſe éducation. Il me ſemble qu'ils auroient pû être plus polis. J'aurois bien voulu le leur rendre. Pierrot a dit dans un Placet adreſſé à Monſeigneur :

M'accordant le bien où j'aſpire,
Je ſerai plus content, que Seigneur de la Cour,
Je vous ai fait quelquefois rire,
Faites-moi rire à votre tour.

cela, je le comprenois à merveille ; & je crois qu'ils auroient aussi bien fait de continuer leur chemin.

Leurs chevaux étoient si fatigués de cette marche forcée, qu'on fut obligé de passer la nuit au milieu d'une grande forêt, où l'on fit un très-grand feu. Mon compagnon de chaise, plus empressé que les autres à me faire prendre quelque nourriture, laissa par hazard tomber son masque, & je reconnus un valet-de-chambre de Riza-beg, un de ceux qui, sous prétexte de quelque mauvais traitement, l'avoient quittê à Hambourg. Il avoit épié la marche de son Maître, & s'étoit joint à une bande de Voleurs, uniquement dans le dessein de m'enlever.

Ce scélérat avoit osé, étant à Paris, porter ses prétentions jusqu'à moi ; je l'avois menacé d'en rendre compte à son maître ; il avoit contraint les mouvemens de sa tendresse ; & il avoit saisi cette occasion pour se venger de mes mépris. C'est ce qu'il m'avoua en très-bon François, en ce moment, où il vouloit se payer par ses mains du prix de son audace.

Avant cette belle expédition, ce scélérat étoit convenu avec tous ses camarades, qu'il leur abandonneroit tout le butin, à condition qu'ils ne prétendroient rien sur ma personne. Il me fit part du traité qu'il vouloit exécuter, & par conséquent des droits qu'il s'étoit réservés sur ma personne. Je m'opposai de toutes mes forces aux desirs du vainqueur ; lorsqu'avec une fureur extrême il me proposa deux partis. Il y avoit un choix à faire, & je le fis. La Matrone d'Ephèſe m'eût imitée, ſi le danger eût été réel, & auſſi preſſant. Tout, dans ce monde, dépend de la vérité des circonſtances, & d'être bien pénétrée de ſa ſituation. Il y en a où la néceſſité n'a pas de compte à rendre à la délicateſſe, ni à la vertu. C'étoit préciſément la mienne. Il n'étoit pas queſtion de tirer les rideaux; & je n'étois point accoutumée à mettre mes talens au grand jour. Faute d'habitude, c'eſt un ſupplice.

Les Spectateurs échauffés d'une boiſſon forte, & du tableau indécent qu'ils avoient ſous les yeux, oubliérent le Traité fait avec Oſman ce digne valet-de-chambre qui les avoit exclus du droit de conquête. Ils avoient les mêmes prétentions. On les diſcuta de part & d'autre; la querelle devint très-vive; je touchois

touchois au moment où, pour la faire finir, j'allois servir de victime. Je jettai d'abord des cris affreux; je regardois ces scélérats avec des yeux mourans; j'implorois leur pitié; je fondois en larmes, lorsque tout-à-coup j'entendis une bordée de coups de fusil dont une balle me froissa le bras; je tombai à demi morte; on me releva, & je me vis bientôt investie par un Régiment de Hussards, on me lia les mains, & je fus conduite dans la chaise même de Rizabeg, dans les prisons de Brandebourg.

Les coups de mousquet avoient laissé sur le carreau vingt-deux de ces scelérats, & Osman étoit de ce nombre; il n'en restoit plus que douze, qui furent conduits dans les mêmes prisons.

Il y avoit longtems qu'on

battoit toutes les forêts de ces cantons, pour punir ces coquins de toutes les excès qu'ils commettoient journellement. Le grand feu qu'ils avoient fait, & qu'on avoit apperçu d'une hauteur, les avoient découverts. Les gardes avancées qu'ils plaçoient toujours, de crainte de quelque ſurpriſe, avoient alors quitté leur poſte pour augmenter le nombre des prétendans; le bruit que chacun faiſoit en diſcutant ſes droits ſur ma perſonne, la fureur de leurs emportemens, tout contribua à leur défaite.

J'avois beau proteſter en François de mon innocence, on crut en Allemand que j'avois l'honneur d'être initiée dans leurs myſtéres, & l'on me traita en conſéquence.

Je paſſerai l'horreur de ma ſituation. On fit tout de ſuite le procès à ces Scélérats, & ils ſubirent tous le ſort qu'ils méritoient. On me préparoit déjà celui que je ne méritois pas, lorſque je fus interrogée par un homme qui ſçavoit un peu le François ; alors je commençai à reſpirer. Je lui rendis compte de tout ce qui s'étoit paſſé, à quelques circonſtances près, qui ne faiſoient rien à leur crime, ni à mon innocence.

Cette eſpéce d'Interprête fit aux Juges un rapport fidéle ; ils opinérent qu'il falloit écrire à Hiſpahan pour ſçavoir ce que Rizabeg étoit devenu, & pour vérifier ſi j'avois accouché à Dantzick. La Juſtice ne prend pas toujours le chemin le plus court. J'offris un expédient plus ſimple, heureuſement on le goûta, & après y avoir mûrement réſléchi, on s'adreſſa à

Dantzick, où l'on assura ce que j'avois avancé. Malgré le bon témoignage qu'on rendit sur mon compte, par la négligence de mes Juges, ou par la longueur des formalités, qui servent toujours de prétexte pour faire gémir l'innocence, je passai encore six mois en prison.

Il ne restoit plus qu'à ordonner ma liberté, pendant ce tems-là je fus traitée avec plus de considération. Le *Kerkermeistre*, ou Géolier, avoit une fille à-peu-près de mon âge, qui par ses assiduités, avoit eu la complaisance de diminuer l'horreur de ma prison. En lui enseignant le François, j'avois appris d'elle un peu d'Allemand ; la nécessité, ou plutôt la reconnoissance, m'avoit inspiré pour elle l'amitié la plus tendre ; elle joignoit à une figure très-aimable, une éducation au-dessus des personnes de son état.

Quelques jours avant ma liberté Mozenher (c'eſt ainſi que s'appelloit cette jeune perſonne) m'annonça l'arrivée d'un François qu'on venoit d'arrêter. Cette nouvelle ne m'intéreſſa d'abord que par la conformité de ſon ſort avec le mien. Les malheureux ſont toujours compatiſſans pour les peines qu'ils reſſentent vivement. Elle mit dans ce récit un intérêt qui me donna une très-bonne opinion de ſon cœur ; elle loüoit beaucoup ſa bonne mine, elle lui trouvoit une phyſionomie diſtinguée, enfin elle m'en parloit ſi ſouvent, & avec tant de chaleur, que je m'apperçus bientôt de l'impreſſion que cet Etranger avoit faite ſur elle, & de ſes progrès.

Mozenher m'avoüa naturellement qu'elle le voyoit avec une peine extrême dans les fers ; elle auroit souhaité pouvoir les rompre ; elle revenoit sans cesse à son éloge ; elle me dit qu'elle avoit saisi deux fois l'occasion de le voir, pour avoir seulement le plaisir de parler François ; mais ce plaisir alloit plus loin, car elle rougissoit en me faisant cet aveu.

L'amour, sous le voile de la pitié, se glissoit insensiblement dans son ame ; elle ignoroit de bonne foi que c'étoit le commencement d'une passion qu'elle flattoit trop, pour ne pas lui laisser faire bien du chemin. Un jour, un moment, le premier coup d'œil avoit disposé son cœur à l'impression la plus tendre ; c'étoit une surprise qu'elle n'avoit pas encore découverte, & dont elle ne se défioit point, quoiqu'elle en fût déja la dupe. Il faut, pour ainsi dire, en être la victime pour s'en appercevoir.

La veille du jour pris pour ma liberté, le tems me parut si long, que je crus que ce moment n'arriveroit jamais. Je passai toute la nuit à faire dans ma tête des dispositions pour le voyage d'Asie, où je me proposois d'aller trouver Rizabeg. Le Consul de France à Petersbourg avoit eu la complaisance de me faire sçavoir qu'il avoit passé dans cette Ville, & qu'il lui avoit fourni les secours nécessaires pour se rendre à la Cour d'Hispahan; mais on n'avoit vû ni mon fils, ni la nourrisse; elle n'étoit point revenuë à Dantzick, où nous l'avions prise; tout cela redoubloit mes inquiétudes, & me jettoit dans de nouvelles irrésolutions.

Les Scélérats qui nous avoient arrêtés, n'avoient pas eu le tems de dissiper ce qu'ils nous avoient volé; la Justice avoit eu la précaution de s'en emparer. Je retrouvai tous les bijoux que Riza-beg m'avoit donnés, & qui faisoient un objet considérable. Tout me fut rendu avec une fidélité qui doit bien surprendre, puisque ces effets avoient passé par les mains des Voleurs & des gens de Justice.

A peine je commençois à m'assoupir, que je fus éveillée par la chûte de quelques platras & d'une pierre qui s'étoient détachés du mur. Je jettai un très-grand cri. J'avois peur que cette prison qui tomboit de vétusté, ne m'ensevelît sous ses ruines. J'étois si tremblante que je n'osois me lever: Hélas! entendis-je en ce moment: ne criez point; rassurez-vous, Madame, c'est un malheureux qui cherche à rompre ses chaînes.

Vous travaillez en vain, lui répondis-je, vous sortirez de votre prison, pour entrer dans une autre, & vous n'en serez pas plus avancé, au contraire on s'appercevra de vos desseins, & l'on vous enfermera dans quelque lieu encore plus affreux. Il me dit ensuite qu'il auroit du moins la consolation de s'entretenir quelquefois avec moi, si je voulois le lui permettre; & qu'il ne pousseroit pas plus loin l'ardeur de démolir. Il me pria, quand le jour paroîtroit, de remettre à sa place la pierre qui s'étoit détachée, afin qu'on ne s'apperçût point du travail de la nuit.

Je le plaignois de s'être donné tant de peine, sans rien avancer pour sa liberté, ni pour diminuer ſon ennui. Je lui annonçai ma prochaine délivrance, & en même tems mon départ pour l'Aſie, où j'allois rejoindre mon époux.

Après m'avoir témoigné combien il étoit charmé de voir finir mes malheurs, il m'aſſura qu'il n'étoit pas auſſi criminel, qu'on auroit pû me le faire entendre, & que l'on en étoit perſuadé. Il ſemble, ajoutoit-il, que toute la prudence humaine ſoit inutile à ceux qui ſont deſtinés à être malheureux, & je ſuis de ce nombre. J'ai fait une faute légére, & le ſort l'a ſaiſie, comme s'il n'avoit jamais occaſion de faire éclater ſa fureur ſur ceux qui méritent réellement ſes perſécutions.

Ce diſcours ne fera peut-être, Madame, ſur votre eſprit aucune impreſſion; car l'innocent & le coupable tiennent à-peu-près le même langage, & ſe trouvent également à plaindre. Mais quel que soit le tourment qu'on me réserve, je souffrirai moins qu'un autre, dès que je n'ajouterai point à mon supplice, celui des remords.

Je l'écoutois avec un certain intérêt, je le lui témoignois de tems en tems. L'innocence n'est guères muette, elle se soulage & se console en s'établissant dans le cœur des honnêtes gens, ou du moins en faisant tout ce qu'il faut pour y pénétrer. Le son de sa voix ne m'avoit point du tout frappée, & toute ma pitié se tournoit vers un homme que j'étois charmée de ne point trouver coupable, sans jamais aller au-delà.

J'ai toujours, continua-t-il, été tendre jusqu'à la foiblesse, & même jusqu'à la folie. On ne paroît amant qu'autant qu'on l'eſt avec excès, c'eſt le ton de ce ſiécle ; l'uſage qui autoriſe les ſottiſes des autres, ne juſtifiera jamais les miennes, j'en conviens. Hélas ! j'ai donné les premiers momens de ma jeuneſſe à une intrigue ridicule : mes parens qui m'aimoient plus que je ne le croyois alors, la traverſérent tant qu'ils le purent, & j'étois aſſez injuſte pour les regarder comme des tirans qui étoient ſourds à la voix de la nature, & qui ne ſe ſervoient de leur autorité, que pour étouffer ſes mouvemens.

En un mot, je me perdois ſans eux ; & ils le ſentoient pour moi. Ils ne négligérent rien pour m'arracher à cette malheureuſe paſſion ; ils y réuſſirent ; mais le hazard mit en défaut leur amitié & leur prudence ; il me jetta, pour ainſi dire, malgré moi, dans les bras d'une perſonne indigne des égards que tous les hommes doivent à ce Séxe charmant.

J'ai été trompé cruellement, je devois m'y attendre ; cela n'eſt point ſurprenant, lorſqu'on s'attache ſans choix, & qu'on veut enſuite faire naître le penchant & l'eſtime.

Mes affaires m'obligerent à m'éloigner d'elle pour quelque tems ; le premier moment de mon abſence fut celui de ſes infidélités. On eut la bonté de m'en inſtruire ; je rompis totalement avec elle, quoiqu'elle m'eût inſpiré la plus vive tendreſſe ; il m'en coûta beaucoup, je l'avouë, mais .... A ces mots notre converſation fut interrompuë par le bruit de quelqu'un qui alloit & venoit, & nous n'osâmes ni l'un, ni l'autre, ouvrir la bouche.

Le jour commençoit à paroître ; j'eus à peine le tems de remettre la pierre qui avoit été détachée du mur, lorſque le Geolier, qui avoit eu la veille des ordres pour me mettre en liberté, vint ouvrir ma priſon. Je deſcendis dans ſon appartement, pour voir ſa fille qui s'étoit chargée de m'accompagner dans une maiſon, où je devois paſſer quelques jours, avant de partir de cette Ville.

La Mozenher qui venoit m'y voir très-ſouvent, m'avoua ſa ſa tendreſſe pour le Priſonnier François, & me dit qu'elle avoit formé le projet de l'arracher de ſes fers. Elle vouloit encore s'évader avec lui. Malgré ma compaſſion naturelle pour les foibleſſes des autres, je ne pus m'empêcher de lui repréſenter le danger auquel elle alloit s'expoſer, & les malheurs quelle ſe préparoit. Sa tendreſſe étoit plus forte que tous les conſeils que l'amitié auroit pû lui donner. Ses ſoupirs & ſes pleurs me mirent de ſon parti, & je lui offris tous les ſecours qui dépendroient de moi.

Ils étoient l'un & l'autre tout diſpoſés à me ſuivre en Aſie, ſi je voulois me charger d'eux, & je n'étois pas éloigneé de leur rendre ce ſervice; mais je voulois avant tout aller à Konigsberg, pour m'aſſurer d'un vaiſſeau qui devoit dans peu de jours mettre à la voile pour la Ruſſie; afin de pouvoir leur ménager le moment favorable pour leur fuite. Il étoit même prudent que je m'éloignaſſe, afin qu'on ne crût pas que j'euſſe favoriſé leur évaſion, au cas que leur projet vînt à manquer. Ma raiſon s'étoit beaucoup fortifiée dans les fers ; elle n'avoit pas besoin d'une seconde épreuve.

En arrivant à Konigsberg, je trouvai le Capitaine du vaisseau prêt à partir, & qui en fixa le jour, si le tems étoit favorable, comme il y avoit lieu de l'espérer. Il m'accorda avec beaucoup de peine trois places dans son bord ; je l'écrivis tout de suite à la Mozenher. J'eus le tems d'avoir sa réponse, où elle m'assuroit qu'elle ne manqueroit pas de s'y rendre, & qu'elle alloit tout disposer pour cela.

Le jour marqué le vent se trouva très-propre pour la navigation. On vient m'en avertir ; on m'attend pour lever l'ancre ; je me rends au Port ; je regarde de tous côtés sans voir arriver nos amans : j'engage le Capitaine à différer son départ d'une heure, il y consent avec peine ; ce tems expiré, il ne voulut point faire quartier d'une minute. J'entre dans le vaisseau ; on avoit déja levé un ancre, lorsque j'apperçus une chaise de poste ; plus elle approchoit, plus je voyois que le Postillon faisoit des signes ; le Capitaine voulut bien attendre un moment.

La Chaise arrivée dans le Port, on coupe les cordes qui attachoient les malles, on jette tout dans la chaloupe ; je vais pour recevoir ces Amans ; ils montent sur le bord, ils viennent à moi ; quelle est ma surprise ! je reconnois Dureal tout changé qu'il étoit ; ce Dureal le seul homme que j'eusse aimé véritablement ; c'est lui que j'arrachois sein du malheur & de l'opprobre ; je lui sauvois la vie, pour le faire passer dans les bras d'une Rivale.

L'étonnement de Dureal fut du moins aussi grand que le mien ; nous attachions l'un sur l'autre des regards stupides ; nous étions agités tous deux de trois ou quatre mouvemens différens, qui nous laissoient comme immobiles. La Mosenher nous regardoit sans sçavoir ce que cela vouloit dire. De cette immobilité singuliere à une agitation violente, le passage fut bien rapide.

On alloit mettre toutes les voiles, lorsque des gens armés avec un *Oubrançassesser*, ou Commissaire, se présenta sur le Port, & somma le Capitaine de lui rendre deux Criminels qui venoient de se jetter dans son bord, ajoutant qu'il alloit prendre une chaloupe, pour y faire une descente.

A ces mots qui nous remplirent de frayeur, nous nous jettâmes aux genoux du Capitaine, pour le prier de s'éloigner au plus vite, & de ne pas souffrir une pareille violence. Il se rendoit à nos prieres, lorsqu'on le menaça de quelques coups de canon, s'il osoit s'éloigner du port, avant qu'on eût fait les perquisitions convenables.

Cette menace étoit sérieuse, & pouvoit avoir son exécution, c'étoit un moyen bien sûr pour nous arrêter. Dureal s'abandonnant au désespoir, vouloit se précipiter dans la mer. Le Capitaine qui ne sçavoit rien de ce qui se passoit, & qui craignoit pour lui-même, étoit fort embarrassé à prendre un parti; dans ces circonstances le Commissaire & six de ses Satellites montérent ſur notre bord ; ils reclamérent leur proye. L'équipage & tous les paſſagers étoient attentifs à ce qui ſe paſſoit ; on trembloit pour nous, tout le monde s'intéreſſoit à notre ſort ; on s'élevoit contre cette violence, on ne vouloit pas la ſouffrir. Le Commiſſaire qui faiſoit l'Important, révolta tout le monde ; on vouloit le jetter dans la mer avec ſes Recors. On s'en ouvrit à lui d'une maniere à le faire trembler ; il changeà de ton ; il repréſenta poliment les droits de la Juſtice, & les devoirs de ſa Charge, dont il ne pouvoit point s'écarter, ſans intéreſſer ſa conſcience, car il prétendoit en avoir une. Il concluoit toujours à s'emparer de nous ; il y alloit, diſoit-il, de ſon honneur de remplir, en nous arrêtant, les vuës de la Justice qui lui avoit confié l'exécution de ses ordres.

Le Capitaine du vaisseau plus compatissant que ce Commissaire, & comprenant bien quels étoient les motifs d'honneur qui le faisoient agir avec tant de zéle, ne jugea pas à propos de nous remettre entre ses mains. Il se fâcha de ce qu'on étoit entré dans son bord ; on lui faisoit perdre le moment de la marée & du vent favorable ; il le témoigna avec aigreur ; il y joignit les menaces les plus vives ; on se mettoit en devoir de verbaliser, lorsqu'il donna des ordres secrets pour qu'on retirât la chaloupe ; au même instant il fit démarrer, on appareilla les voiles, & le vaisseau quitta la rade, avant que le Commissaire & sa suite eussent eu le tems de mettre la date à leur procès-verbal.

Malgré notre frayeur & nos larmes, les paſſagers éclatoient de rire, de voir enlever d'une façon ſi comique ce détachement de la Juſtice. On ne craignoit point qu'on lui envoyât un renfort en pleine mer. Le Commiſſaire qui ſentit un peu tard, qu'il s'étoit engagé témérairement, crut en impoſer en prenant un ton d'autorité, & en menaçant tout l'Equipage juſqu'aux Mouſſes.

De leur côté les Recors ſe voïant expoſés à la riſée de tout le monde, murmurérent beaucoup de ce qu'on leur manquoit ſi eſſentiellement. Le Capitaine fatigué de leurs plaintes, les pria très-durement de ſe taire, il leur propoſa de les faire jetter à l'eau pour leur donner la liberté de retourner au Port. Cet expédient ne fut pas abſolument de leur goût. La résolution du Capitaine ; notre éloignement du Port, & l'embarras du Commissaire qui capituloit déja pour avoir la liberté de s'en retourner, dissipérent notre frayeur, & nous commençâmes à prendre part au divertissement de l'Equipage, qui étoit enchanté de cette avanture. On étoit d'avis qu'on corrigeât un peu la Justice ; il sembloit que tous ceux qui étoient sur ce Vaisseau, avoient des raisons particulieres pour en vouloir à ses suppôts, & que chacun prit sa revanche.

On offrit poliment à tous ces gens-là de les débarquer dans la premiere Isle déserte qu'on rencontreroit. Mais on fit réfléxion qu'ils étoient naturellement assez barbares, pour n'avoir pas besoin de leçon de férocité ; que d'ailleurs il faudroit jusqu'à ce tems-là les nourrir ſur le vaiſſeau; ainſi l'on ſe détermina à les deſcendre dans une barque de Pêcheur que le hazard préſenta, & où ils verbaliſérent, tant qu'ils voulurent.

Après cette belle expédition, chacun ſe diſtribua dans ſon logement. Nous étions trop preſſés Dureal & moi de jouir du plaiſir de nous être retrouvés, pour ne pas nous rendre compte de tout ce qui avoit pû y contribuer.

La Mozenher paroiſſoit charmée de ce que je connoiſſois ſon amant; mais cette ſatisfaction ne dura guère. Nous étions ſtupides à force d'étonnement; & nous ne pouvions comprendre comment le ſeul ſon de la voix dans la petite converſation que nous avions eue dans la priſon, ne nous avoit pas conduits à une reconnoiſſance; notre intention n'étoit

pas

pas de la filer. Nous n'aurions jamais pû nous imaginer que nous étions ſi près l'un de l'autre. Il eſt vrai que nous n'avions rien dit, qui pût rapprocher les objets.

La Mozenher nous obſervoit attentivement ſans y entendre la moindre fineſſe ; elle partageoit notre joye ; & ſe félicitoit d'avoir mis Dureal en pays de connoiſſance ; la tendreſſe qu'elle reſſentoit pour lui, ſe trouvoit plus à ſon aiſe ; le poids de ſa reconnoiſſance à mon égard, lui paroiſſoit moins embarraſſant ; elle faiſoit éclater ces deux ſentimens ; & trop ſimple pour s'appercevoir de notre trouble, elle ſe laiſſoit aller ſans contrainte à tous les mouvemens de ſon cœur.

Les malheurs de Dureal m'intéreſſoient trop, pour ne pas m'informer avec empreſſement de toutes leurs circonſtances. Il m'en avoit déja dit quelque choſe, ſans entrer dans le moindre détail. Il ne pouvoit ſe diſpenſer de m'en rendre compte ; il prévint ainſi mes deſirs.

Je paſſerai légèrement ſur la conduite que vous avez tenuë à Lyon après mon départ ; vous ne m'avez pas cru digne de votre conſtance. Je pourrois vous imputer mon infortune, vous l'adouciſſez aujourd'hui ; jamais vous ne la réparerez jamais. Permettez-moi de continuer, ajouta-t-il, au moment où j'allois ſuivre ce propos. Le bienfait que je reçois de vous, étouffe tous les reproches que je ſerois en droit de vous faire ; ma reconnoiſſance ſe prêtera à votre juſtification, elle y ajoutera même ce qui pourroit y manquer ; j'aimerois mieux devoir mes malheurs à mon étoile, que de vous trouver coupable.

Vous vous êtes donc aimés ! dit alors, avec ingénuité, sa libératrice, & peut-être vous aimerez-vous encore ; il auroit fallu m'en avertir plutôt ; souvenez-vous toujours de ce que vous m'avez promis...

Cette réfléxion à laquelle Dureal auroit dû s'attendre, l'embarrassa beaucoup ; il s'en tira le mieux qu'il put, & dans ces occasions, on s'en tire toujours mal. Il ne sçavoit s'il continueroit son récit ; je voyois qu'il cherchoit les expressions, je le priai de s'expliquer sans se gêner, en l'assurant que je ne serois point en peine de ma justification ; & qu'elle ne coutoit ordinairement qu'à ceux qui avoient quelque chose à se reprocher.

J'ai été instruit, continua-t-il,

des petits voyages que vous avez faits à une maiſon de campagne ; de votre liaiſon avec M. Meſſin ; de votre intrigue avec ſon neveu : je ne vous en dirai pas davantage. Je vous témoignai combien j'en étois indigné. Cette conduite m'ouvrit les yeux; j'en avois beſoin. On me ſollicita d'entrer au ſervice, & j'obtins de la Cour l'agrément pour une Compagnie de Cavalerie, dont le Régiment étoit alors à Niort, où je me rendis tout de ſuite. Je fis un petit voyage à Paris, où j'ai ſçu enſuite que vous m'aviez fait la grace de me chercher. Je voulois vous oublier ; je m'éloignois de vous, & votre ſouvenir me ſuivoit partout. Il prenoit ſur mes occupations, ſur ma ſanté, ſur mes plaiſirs : eh ! peut-on en goûter, lorſqu'on a le cœur déchiré par l'amour le plus tendre & le plus malheureux !

Mes camarades s'apperçurent bientôt de ce qui se passoit dans mon ame. J'étois si triste, si déplaisant, si stupide, qu'il n'étoit pas possible de s'y méprendre ; & quoiqu'ils fissent aussi peu de cas d'un sentiment romanesque, que de se présenter à l'Ennemi, ils s'intéressérent à mon sort ; ils prétendirent que pour l'honneur du Corps, je devois moins tenir à une vieille intrigue, quand même elle auroit six mois d'habitude ; & que je devois enfin me rendre à moi-même. Pour cet effet, il fut décidé qu'on me présenteroit dans toutes les sociétés, comme un homme vacant, dont on pouvoit disposer, & qui n'attendois que l'ordre, pour me ranger à mon devoir.

Dans cette idée, on me promena dans toutes les maiſons de la Ville. Une ſeule les fait connoître toutes. Je ne voyois partout qu'un ridicule étudié, des airs faux, des manieres guindées; les propos, les égards, la politeſſe même, avoient un air contraint & fatiguant, qui auroient fait préférer la mauvaiſe éducation ſoutenuë d'un bon cœur, & de la franchiſe.

On s'aſſemble tous les jours tantôt dans une maiſon, tantôt dans une autre, mais c'eſt exactement la même compagnie & les mêmes Originaux; il ſemble qu'on ne faſſe que changer le lieu de la ſcene. Pour diſſiper l'ennui de ces ſociétés, & cette uniformité aſſommante, le plaiſir devient un travail; on y force les amuſemens, & la gaîté y fait toujours de fauſſes couches.

Les Sots qu'on y rencontre, y ſont moins ſupportables qu'ailleurs, parce qu'ils ſont mauſſades, ou malfaiſans. On y étudie tous les nouveaux venus ; on tâche d'en attraper quelque choſe, & l'on s'attache ordinairement à celles qu'on ne devroit pas avoir ; on en fait *ſon propre*. On y prend les défauts des uns, les ridicules des autres, & les vices de tous ſans exception. En un mot, leur perſonne & leur caractère ſont un aſſortiment bizarre de piéces rapportées, & de-là ſe forment ces véritables Originaux qu'on doit moins au ſommeil de la Nature, qu'à ſes caprices les plus marqués.

On voulut s'amuſer de ma ſituation, & je fus obligé de m'y prêter ; ce ſont des égards qu'on ſe doit dans notre état. C'eſt le ſyſtême général de l'oiſiveté militaire. On me préſenta avec toute la décence poſſible à la femme du monde la plus indécente. On établit d'abord ma ſituation, & l'on me remit dans ſes mains à titre de dépôt, ſans néanmoins qu'elle fût tenuë de répondre des cas fortuits. C'étoit l'eſprit & la beauté de la Ville ; tout le monde avoit les yeux ſur elle ; j'en cherchai d'abord la raiſon; peut-être s'apperçut-elle de mon étonnement ; elle voulut ſubjuguer ma pénétration, & me réduire au ton de ſes admirateurs. Comme j'étois moins facile que les autres, elle y mit plus de ſoins, cela tomboit dans l'acharnement. Un jour qu'elle étoit plus déſœuvrée qu'à l'ordinaire, elle m'attaqua avec une intrépidité décidée ; elle parla beaucoup, s'échauffa encore plus, & ainſi qu'elle - même, je ne compris rien à ſon diſcours.

Cependant on l'applaudiſſoit de tous côtés ; je me perſuadois qu'on devoit me trouver d'une bêtiſe révoltante. Son grand benêt de mari, Magiſtrat de la Ville, admirateur en chef des propos de ſa femme, appuyoit fortement ſur tout ce qu'elle diſoit : Il ajoutoit avec une gravité ſententieuſe, *huché* ſur ſes pieds, comme s'il étoit aux opinions, » je ne ſçais où Madame » l'Eluë *pêche* toutes ces jolies » choſes ! Elle a une abondance » de raiſon & une exubérance d'eſ- » prit qui ne tariſſent jamais. Mais » voilà qui eſt admirable ! Sou- » tenez cela, Madame, ſoutenez » cela; vous tenez M. le Capitai- » ne, ne le lâchez pas ; il eſt dans » ſon dernier retranchement ; on » ne ſçauroit s'y prendre d'une

» maniere plus brillante ; il faut » nécessairement qu'il capitule, » ou son amour-propre a quelque » fort caché, ou il faudra » que Madame *attache le Mineur*.

» Vous êtes un peu surpris, » Monsieur, dit-il, en m'adressant » la parole, de ce que nos » dames sont ici au ton de Paris ; » mais il est bon de vous dire qu'» on m'en a l'obligation, aussi bien » qu'à M. le Receveur des Tailles » que vous voyez là (en me montrant » un grand imbécile qui » rioit à tout propos.) Vous ne » sçauriez vous persuader la peine » que nous avons prise, pour » débrouiller ce cahos d'idées » dans lequel la plûpart des femmes » noyent leur esprit : nous » avons fait ensemble notre Droit » à Paris; nous connoissons notre » *Pays Latin* & le Luxembourg

» ſur le bout du doigt, & nous ne » manquions pas une exécution. » Après trois ans de ſéjour dans » cette Ville, nous ſommes reve-» nus ici, où nous avons fait une » réforme étonnante. Nous avons » mis nos ſociétés dans le goût » de tous les vaudevilles, & de » tous les romans nouveaux; nous » nous faiſons un plaiſir de com-» menter tous les endroits qui » n'en ſont pas clairs, & de mettre » en François ceux qui ſont au » ton du jour.

» Je puis dire, ſans vanité, » que je m'y connois en ſtile; car » feu mon pere a été premier » Conſul de cette Ville, & en » cette qualité, il fut chargé de » haranguer Philippe V, lorſque » ce Monarque paſſa, pour aller » occuper le Thrône d'Eſpagne.

» Vous vous trompez, M. l'Elu,

» reprit alors gravement M. le » Receveur, je vous dirai, ſauf » reſpect pour la compagnie, que » ce que vous avancez, n'eſt » nullement exact ; & tout le » monde ſçait que cette tête cou- » ronnée, qui ne l'étoit pas en- » core, mais il ne s'en falloit » pas de beaucoup, ne paſſa » point par cette Ville, & qu'elle » prit une autre route, pour des » raiſons dont on ne daigna pas » dans le tems, nous faire part. » Je n'avois alors que dix huit » ans, malgré ma grande jeu- » neſſe, je m'en ſouviens, com- » me de ce que j'ai fait aujour- » d'hui, que j'ai vérifié un état » de recette. Remettez-vous. » Pourſuivez. J'AI DIT.

» Quoique vous en diſiez, » ajouta l'Elu, la harangue de » mon pere n'en étoit pas moins » prête ; nous l'avons trouvée

» dans ſes papiers, lorſque le » Ciel nous a privés de ce grand » homme. Ainſi l'Orateur n'é- » toit point en défaut, mais » plutôt ce Roi qui s'aviſa de » changer de route avec autant » d'aiſance, que ſi mon pere ne » s'étoit point préparé à le ha- » ranguer. S. M. n'auroit-elle » pas voulu encore qu'on eût » couru après elle, pour lui dire » les plus jolies choſes du mon- » de ? Il me ſemble que c'étoit » bien le moins, qu'elle prît la » peine de venir les entendre.

» Enfin, continua-t-il, ſe » tournant vers moi, nous faiſons » ici le deſtin des Auteurs; nous » prononçons ſouverainement... » Oh pour cela, reprit Madame » l'Eluë, il faut convenir que » vous parlez comme un ora- » cle. En vérité la tête de M. » l'Elu mon époux eſt une autre » forêt de Dodone.

Après mille autres propos aussi ridicules & aussi assomans, je me jettai au milieu d'un autre groupe qui rioit à gorge déployée de l'impertinence de celui que je venois de quitter, ce qui me donna meilleure opinion des personnes qui le composoient. Le reste de la Compagnie jouoit, & par conséquent n'y étoit pas pour nous.

Cependant parmi tant d'Originaux, on trouve quelquefois des personnes qui sçavent penser. Une jeune Demoiselle qui parloit avec assez d'esprit, & avec assez de décence, m'attacha à sa conversation. Elle n'étoit point jolie ; cet aveu me dispense de vous faire son portrait. Au premier coup d'œil impitoyablement je la jugeai laide ; je l'écoutai avec attention, & je la trouvai moins désagréable ; elle étoit sans vanité, &

ſans affectation, & dès-lors je la mis au rang de ces perſonnes qui peuvent avoir quelques prétentions, lorſque l'eſprit & le caractère concourent à réparer ce qui manque à la figure. L'attachement qu'on a pour elles, eſt d'autant plus durable, qu'il eſt l'effet de la réfléxion, & d'un mérite ſolide.

Je n'entrerai point dans le détail des progrès qu'elle fit dans mon cœur; je l'aimai véritablement. Elle s'en apperçut, elle y fut ſenſible; mais ſon air décent & réſervé me déroboit les trois quarts de ſa reconnoiſſance; & je croyois n'être que ſouffert, que j'étois déja payé du retour le plus tendre. Elle avoit aſſez bonne opinion de moi, pour ne pas me ſoupçonner de fatuité, ni me croire capable d'abuſer de ſes bontés. Néanmoins elle voulut ſe faire illuſion à elle-même, & le ſoin qu'elle prit alors, contribua précisément à m'éclaircir.

Mademoiselle Dorcey vouloit un Amant tendre pour en faire un époux raisonnable. Je crus pouvoir remplir ses vuës, je lui écrivis pour lui faire part des heureuses dispositions où je me trouvois ; elle me répondit dans ces termes... » *Assurez-vous de* » *l'aveu de ma mere, faites agir* » *nos amis auprès d'elle. Vous* » *n'auriez pas besoin de les em*» *ployer, si je pouvois disposer de* » *ma main. Je ne désavourai ja*» *mais vos démarches, & je les* » *verrai avec reconnoissance.*

Je suivis le plan qu'elle me traçoit ; une personne de considération se chargea de cette proposition. Madame Dorcey refusa son consentement : elle jouissoit de 200000 liv. de bien qu'elle étoit obligée de remettre à sa fille en la mariant ; elle ne pouvoit ſe réſoudre à s'en déſaiſir. Groſſiére avec orgueil, avare pour elle-même, & pour tout ce qui pouvoit contribuer au bonheur des autres, inquiette, ombrageuſe, méchante de ſang-froid, elle ſe faiſoit une triſte habitude de déplaire à tout le monde, de jouir de la haine qu'elle avoit contre tout le genre humain, & qu'on lui rendoit avec uſure.

Pour éviter mes aſſiduités & mes ſollicitations, elle ſe retira avec ſa fille dans une maiſon de campagne qu'elle avoit à une lieuë de la Ville. Cette ſéparation irrita notre tendreſſe. J'allois preſque tous les jours me promener de ce côté-là ; quelquefois j'avois le bonheur de voir Mademoiſelle Dorcey, & je revenois content. Je me conduiſois comme un véritable Ecolier. Je n'avois d'autre témoin de mes ſoupirs, qu'un Domeſtique qui me ſuivoit, comme ſi j'allois à la chaſſe. On ſçavoit que j'aimois, mais j'aurois eu trop à rougir, ſi l'on s'étoit apperçu juſqu'à quel excès alloit ma tendreſſe.

J'avois paſſé une journée entiére autour de cette maiſon, ſans avoir eu le plaiſir de voir Mademoiſelle Dorcey ; je voulus, avant de me retirer, avoir cette foible conſolation. La nuit m'avoit ſurpris ; plus entreprenant, ou plus tendre qu'à l'ordinaire, je m'aviſai d'eſcalader les murs du Jardin ; je m'avançai doucement avec mon domeſtique, & je la vis avec ſa mere dans un ſalon qui donnoit dans le parterre. Madame Dorcey m'avoit vû roder tout le jour aux environs, elle en faisoit à sa fille des reproches très-vifs, prétendant qu'elle s'entendoit avec moi pour cet enfantillage. Les parens sont ordinairement les derniers instruits de ce qui se passe, mais cette mere avoit l'art de deviner les choses. J'arrivai près de la fenêtre dans le tems que Madame Dorcey accabloit sa fille des plus cruels reproches ; elle lui imputoit toutes mes démarches & toutes mes étourderies. Elle ajoutoit que j'avois beau faire, qu'elle ne consentiroit jamais à notre union ; qu'elle avoit appris que j'étois un homme débauché, désavoué de tous mes camarades, & que le Corps s'étoit ligué pour me faire casser..... Hélas ! Mlle Dorcey eut la funeste bonté de suivre ce propos, & de prendre mon parti ; elle m'aimoit véritablement, & vous ſçavez combien l'on ſouffre, lorſqu'on entend dire du mal de ce qu'on aime. Elle répondit à ſa mere, ſans jamais s'écarter du reſpect qu'elle lui devoit à ce titre, que je jouiſſois d'une réputation bien différente. *J'en ai donc menti*, repliqua cette mere auſſi groſſière, que brutale; vous êtes bien hardie de vouloir juſtifier un *Avanturier*.... En même tems elle lui donna un ſoufflet qui la renverſa par terre. Hélas! dit alors ſa fille, ſans pouvoir ſe relever, tant elle étoit étourdie de cet excès de brutalité, ſoyez cruelle à mon égard, autant qu'il vous plaira, diſpoſez de mes jours s'ils importent à votre repos; mais du moins n'accablez point de noms ſi odieux un homme.... qui te plaît, n'eſt-ce pas? ajouta cette Mégère. Je te ſervirai au gré de tes desirs : elle se jetta avec fureur sur sa fille, & la prenant par les cheveux, elle la traîna contre la fenêtre, d'où nous voyions cet affreux spectacle. Tu périras de ma main, disoit cette infâme marâtre, en l'accablant de coups ; oui, tu périras de ma main, plutôt que de souffrir que tu deshonores les honnêtes gens à qui tu appartiens...

Quelle situation pour un amant ! Elle étoit presqu'expirante, elle n'avoit pas la force d'appeller du secours, & personne ne paroissoit. Sa foible voix prononçoit avec peine, *Je me meurs... ma mere !... Ah, mon cher Dureal ! je ne vous verrai plus....*

A ces mots, la mere encore plus furieuse, renouvelle ses cruautés. L'horreur s'empare de mon ame ; je me figure le danger plus grand ; je ne vois que mon Amante prête à expirer. Il m'échappe de dire à mon Domeſtique qu'il faudroit tuer ce monſtre. Ce malheureux prend cet emportement pour un ordre, il paſſe ſon fuſil à travers la fenêtre , il tire , & aſſaſſine ainſi cette femme, avant que j'euſſe eu le tems de m'en appercevoir , ou plutôt de parer le coup. Si les crimes demandent une certaine précipitation, celui-ci fut exécuté avec une rapidité étonnante.

Le trouble , le déſordre , les remords , tout me fit ſentir l'horreur de ma ſituation ; je ne me connoiſſois plus ; j'échappai d'un côté , & mon Domeſtique de l'autre , ſans pouvoir jamais nous rencontrer ; j'errai toute la nuit à l'avanture , & je me trouvois preſque toujours au même endroit ; ce Pays quoiqu'ouvert de tous côtés, étoit pour moi un labyrinthe d'où je ne pouvois me retirer.

Le jour commençoit à paroître, lorsque je m'aperçus du danger; je courus à la poste voisine, où heureusement le bruit de ce meurtre n'étoit point encore parvenu; je pris des chevaux, & je traversai la moitié de la France pour passer en Hollande, où je devois recevoir des nouvelles de ma famille, & d'un ami particulier que j'avois laissé au Régiment.

On avoit présenté à la Cour mon crime avec des couleurs si noires, qu'elle ne put s'empêcher d'intéresser à la punition les Puissances Etrangeres. On avoit envoyé de tous côtês des Mémoires avec mon signalement; j'en fus averti à la Haye; je passai tout de suite à Amsterdam, où je m'embarquai pour aller en Prusse.

Dans notre trajet nous essuyâmes le vent contraire, le calme, & tout ce qui peut contribuer à rendre un voyage long & difficile. Les autres Vaisseaux qui étoient partis longtems après nous, furent plus heureux ; car en arrivant à Dantzick, nous les trouvâmes dans la rade.

Dès ce moment je ne me crus pas en sureté dans cette Ville. Le crime m'accompagnoit partout, & mes remords m'accusoient sans cesse. Il me sembloit que tout le monde le lisoit dans mes yeux.

Je ne me trompois pas ; on suivoit ma marche ; j'ai été arrêté le même jour, & conduit dans les prisons, d'où je viens d'être arraché ; on a écrit en France, pour en informer le Ministère : voilà mon histoire, & des malheurs que vous auriez pu m'épargner, si vous aviez connu

connu l'excès de mon amour & de ma délicateſſe.

Après avoir fait ſentir à Dureal le ridicule d'un pareil raiſonnement, j'entrai dans le détail de tout ce qui pouvoit juſtifier ma conduite. Je lui avouai ingénuement tout ce qui s'étoit paſſé avec M. Meſſin à la maiſon de campagne ; la jalouſie & enſuite la haine de Lolotte ; mon intrigue avec Turreville, & le ſacrifice que j'en avois fait a ſes parens. En rapprochant tous ces objets, nous trouvâmes que des lettres anonymes qu'il avoit reçues, venoient de cette perfide Lolotte, qui avoit été jalouſe de la préférence que M. Meſſin m'avoit donnée ſur elle. Ce ſont de ces choſes que les femmes ne ſe pardonnent guère.

A l'égard des bienfaits que j'avois reçus de M. Meſſin, il

croyoit que j'en avois déguisé le motif. Il ne pouvoit jamais se persuader qu'ils fussent partis d'une source aussi pure, & que j'eusse donné des bornes si étroites à ma reconnoissance. Des sentimens aussi généreux, selon lui, n'étoient pas naturels. Je lui représentai que, quand même j'aurois été moins ingrate à l'égard de M. Messin, il n'auroit eu rien à dire; que je le lui aurois avoué avec la même franchise, & que j'aurois pû en faire sur lui-même retomber les reproches, puisqu'il m'avoit mis dans la cruelle nécessité d'accepter ses bienfaits.

A l'égard de mon mariage avec Rizabeg, il le regarda comme une mauvaise plaisanterie, & une duperie complette; & comme il étoit solidement honnête homme, il se retrancha beaucoup ſur l'oppoſition qu'il y avoit dans notre religion, à celle des Perſans. On ne ſe ſeroit point attendu à cette délicateſſe; je levai ce ſcrupule. Il m'exhorta beaucoup à regarder cette union comme un ſonge brillant qu'on ſe rappelle de tems en tems, pour rire de ſon erreur.

Cette idée avoit déja quelque fondement; je n'avois plus entendu parler de Rizabeg; il ne s'étoit donné aucun mouvement pour s'inſtruire de mon ſort, ni pour m'informer du ſien. Un homme qui a accoutumé de promener ſes deſirs parmi douze femmes, qui ſont à ſes ordres, & qui prennent ſon cœur de main en main, ne ſçauroit guère ſe fixer à une ſeule qu'il ne voit plus.

La Mozenher qui avoit été très-attentive à l'hiſtoire de Dureal, crut avoir été la dupe de notre surprise, lorsqu'il étoit entré dans le vaisseau ; elle se rappella l'intérêt & la vivacité avec lesquels je l'avois sollicitée moi-même à travailler à sa liberté ; elle se mit dans l'esprit que c'étoit une affaire arrangée entre lui & moi ; & que nous nous étions donnés le mot pour la sacrifier. Nous ne pumes jamais lui ôter cette idée. Elle rapprochoit toutes les circonstances ; il n'étoit pas naturel, disoit-elle, que j'eusse voulu me charger du sort de deux personnes, si un intérêt aussi vif que celui de l'amour, ne m'avoit portée à cet excès de générosité. Plus nos cœurs se réunissoient par l'estime & par la confiance, plus la jalousie de la Mozenher s'enflammoit, & faisoit de progrès. La moindre attention, le plus petit égard que

Dureal avoit pour moi, la défespéroient.

Dureal ne négligeoit rien pour raffurer la trifte Mozenher. Elle voyoit qu'il avoit retrouvé une femme qu'il avoit aimée tendrement, & dont il ne s'étoit éloigné, que parce qu'il l'avoit crue coupable. Elle s'étoit juftifiée ; elle lui rendoit un fervice des plus fignalés dans le moment le plus cruel de fa vie. Toutes ces réfléxions ne lui échappérent pas. Que l'Amour eft ingénieux à fe tourmenter !

La Mozenher n'étoit pas la feule qui raifonnât convenablement. Dureal de fon côté reconnoiffoit combien il avoit été injufte à mon égard, & combien j'avois à me plaindre de lui; il fentoit toute l'importance du fervice que je venois de lui rendre. Une tendreffe mal éteinte lui parloit encore en ma faveur ; mais ſa voix étoit bien foible ; il n'avoit point encore oublié l'infortunée Dorcey. La reconnoiſſance la plus vive l'attachoit à la Mozenher ; il auroit été déſeſpéré de lui faire la moindre peine, & ſurtout qu'elle ſe fût apperçuë de tout ce qui ſe paſſoit dans ſon ame. De mon côté, je tenois à cet amant que je n'avois jamais perdu de vuë ; il s'étoit juſtifié, tant bien, que mal, de ſon inconſtance & de ſon ingratitude ; il étoit malheureux par excès de ſenſibilité. Mais je n'étois plus à moi ; je me regardois comme très-légitimement unie avec Rizabeg, j'avois un enfant qui étoit le gage de nos ſermens & de ſa tendreſſe. Que d'incertitude & de trouble !

Je voyois Dureal avec plaiſir, & mes regards allarmoient la Mozenher. Elle l'aimoit véritablement, elle l'avoit délivré, elle m'avoit fourni les moyens de le revoir; l'amitié & la reconnoissance m'attachoient fortement à elle ; mais sa tristesse & sa jalousie m'en éloignoient en même tems. C'étoit entre nous une gêne accablante, une agitation continuelle, un combat violent des sentimens les plus opposés. Nous éprouvions toute la peine & tout le désordre de la passion la plus vive. Tantôt elle me considéroit comme sa bienfaitrice, & je la regardois de même. Tantôt elle n'étoit à mes yeux qu'une rivale dangereuse qui cherchoit à m'éloigner du cœur de mon amant, pour s'y établir elle-même ; elle pensoit aussi désavantageusement de moi. Nous commençâmes à nous observer de plus près, à nous défier l'une de l'autre, à ne nous parler qu'avec humeur ; nous mîmes un peu d'aigreur dans nos conversations, & nous n'oubliâmes point de nous hair.

Dureal n'osoit plus avoir des attentions, ni nous donner des soins, dans la crainte de déplaire à l'une, ou à l'autre. Nous ne voulions point en recevoir, pour ne pas faire réciproquement notre supplice, & nous étions tous les trois obligés de vivre ensemble, & de nous voir continuellement, sans pouvoir l'éviter.

Tous les Passagers s'étoient apperçus de ce qui se passoit; les uns nous plaignoient, les autres en rioient. Ils ne sçavoient pas positivement toutes les circonstances de notre histoire; & nous ne jugeâmes pas à propos de les en instruire; autrement ils l'auroient trouvée plus cruelle, que risible.

La Mozenher qui aimoit pour la

première fois, étoit effarouchée de la moindre chose. Elle devint insensiblement inquiette, rêveuse, ombrageuse, & mélancolique; ensuite elle tomba dans la langueur. Elle ne sortoit de cet état, qu'avec des symptômes de folie; ses yeux s'égaroient; mais cependant elle ne disoit jamais rien, qui pût m'offenser.

Je connoissois la situation de son cœur; je faisois tout ce qui dépendoit de moi pour la rassurer; j'avois des attentions pour elle, parce que je ne la craignois pas, & que je la croyois incapable de me nuire dans l'esprit de Dureal. Peu-à-peu elle devint brusque, insolente, ingrate & emportée. L'amour change souvent le plus heureux caractére.

On ne sçauroit concevoir combien notre état étoit cruel. La Mozenher, à qui la tête avoit tourné, résolut d'en sortir.

Après avoir passé deux jours sans rien prendre, malgré nos plus vives sollicitations, elle me pria après souper, d'aller sur la galerie, où elle desiroit me parler en particulier. Elle m'intéressoit trop, pour lui refuser cette foible consolation ; je ne cherchois qu'à diminuer l'amertume de son sort ; & je ne l'avois pas plutôt brusquée, que je faisois tout au monde, pour lui en témoigner ma douleur, & pour adoucir en même tems ses peines.

Je vois, Madame, me dit-elle, lorsqu'elle crut qu'on ne pouvoit plus nous entendre, que nous faisons mutuellement notre supplice, & que nous y ajoutons celui de Dureal. Je l'aime jusqu'à la fureur ; vous le sçavez ; je n'ai pris aucune précaution pour le cacher ; & d'ailleurs cela me feroit impoſſible. Je n'entre point dans les raiſons de la reconnoiſſance qu'il vous doit, parce qu'elles ne ſçauroient l'emporter ſur la tendreſſe qu'il m'a jurée. Je me ſuis ſacrifiée pour lui; j'ai riſqué ma vie pour ſauver la ſienne; j'ai renoncé à tout pour le ſuivre; je ne lui reproche point ce ſacrifice; je le ferois encore, s'il avoit le malheur de ſe trouver dans le même cas. Je le connois; ou dumoins je m'en flatte; je ſçais qu'il eſt bon, honnête homme, & ſi attentif, qu'il ne voudroit déplaire ni à l'une, ni à l'autre; je m'en ſuis apperçuë, & je lui rends cette juſtice, c'eſt même la ſeule conſolation qui me reſte. Vous avez un époux; je n'en ai point; il m'a promis ſa main; il ne vous a jamais fait une pareille promeſſe; en tout cas, votre état la lui rend. Peut-être celle que j'ai de lui, eſt l'ouvrage de la néceſſité ; l'amour-propre, ou plutôt ma tendreſſe, ne m'a pas permis d'en approfondir le motif ; j'en ai été flattée ; je l'ai reçuë avec plaiſir, je l'avouë ; je dis plus, le bonheur de ma vie en dépend ; je ne ſçaurois y renoncer ; ce ſacrifice eſt au-deſſus de mes forces ; j'aurois beau le promettre, je ne le tiendrois pas.

Notre ſituation eſt trop cruelle. Il nous reſte, pour nous en retirer, un moyen violent, à la vérité, mais néceſſaire, & l'amour le juſtifie. Le Capitaine nous aſſure que demain nous entrerons dans le Port. Il faut ce ſoir même engager Dureal à ſe décider pour l'une, ou pour l'autre ; j'y ſouſcris, quoique j'aye plus de prétentions que vous. En deſcendant du vaiſſeau l'infortunée ira porter ſon humiliation & ſa douleur, où le ſort voudra. Je ne vois point d'autre expédient, à moins que le déſeſpoir n'en fourniſſe quelqu'autre plus prompt & plus ſûr ; vous le comprenez, il n'eſt pas néceſſaire de vous en dire davantage. C'eſt la ſeule conſolation qui reſte à ceux qui n'ont plus rien à eſpérer.

En me tenant ce diſcours elle ſerroit mes mains dans les ſiennes qui étoient brûlantes ; la vivacité de cet entretien annonçoit le déſordre de ſon ame, toute la fureur de l'amour éclatoit dans ſes yeux ; je tâchois en vain de calmer ſes tranſports, & de lui faire ſentir combien elle étoit injuſte dans ſes ſoupçons. Non, Madame, reprit-elle, je ſuis trop convaincuë de la tendreſſe que vous avez pour lui ; j'ai tout fait pour m'aveugler un moment, ſans avoir jamais pû y parvenir. Tout ce que vous pourriez me dire pour me tranquilliſer, ſeroit inutile ; ma pénétration m'a trop bien ſervie. Si le parti que je vous ai propoſé, n'eſt pas de votre goût, il n'y a qu'à le faire monter ici, afin qu'il s'explique tout de ſuite, & celle en faveur de laquelle il ſe ſera décidé, aura le barbare plaiſir de voir l'autre ſe précipiter dans la mer ; & je me ſens plus de force pour l'exécuter, que pour en être le témoin.

Oh ! pour cela, ma chére Mozenher, vous me permettrez de ne faire ni l'un, ni l'autre, lui dis-je, le cœur ſerré de douleur ; je ne vois rien de ſi fou, ni de ſi indécent, que de ſe donner la mort pour un homme ; il ne le feroit pas pour nous ; eh pourquoi voulez-vous que nous ſoyons plus foibles que ces Meſſieurs ! Croyez-moi, ma chére amie... Vous êtes trop ſûre de votre bonheur, reprit-elle, avec une fauſſe tranquilité dont je fus la dupe, vous voulez en jouir; vous avez raiſon. Si j'étois auſſi heureuſe que vous, je ſerois plus raiſonnable, & je tiendrois plus à la vie. L'ingrat, le barbare Dureal prononce mon ſort par votre bouche; j'ai fait la loi; je la ſubis. En même tems elle ſe précipite dans la mer, ſans avoir auparavant fait le moindre mouvement qui préparât cette affreuſe réſolution.

Effrayée de ce malheur, j'eus à peine la force d'appeller du ſecours: on met la chaloupe à l'eau; on cherche cette malheureuſe victime; l'obſcurité de la nuit la dérobe aux yeux des matelots; un d'entr'eux enfin l'apperçoit, se jette à la nage, la rencontre, veut la saisir; elle lui échape, & s'enfonce au même instant. Elle crut se délivrer ainsi de ses malheurs, & le plus grand de tous étoit d'y succomber.

Je pleurois, je gémissois, je me désespérois, je me reprochois sans cesse de ne l'avoir pas mieux consolée, & de n'avoir point éloigné de son cœur jusqu'au moindre soupçon de rivalité; mais auroit-on pû prévoir qu'elle eût poussé si loin sa sensibilité, ou plutôt le désespoir.

La situation de Dureal étoit tout au moins aussi violente que la mienne. Il se regardoit comme la cause de ce malheur, & quoiqu'il n'eût jamais senti pour elle un goût bien décidé, le service qu'elle lui avoit rendu, & la promesse qu'il lui avoit faite en conséquence, lui tenoient lieu de tendresse. Il étoit inconsolable de sa mort. Il y a des personnes, qui sans être aimées, se rendent extrêmement intéressantes par leurs malheurs.

Le croiroit-on ! Dureal eut l'injustice de me dire que je n'avois pas assez ménagé la sensibilité de cette infortunée. Il faisoit retomber sur moi l'horreur de ce désespoir ; je crus même m'appercevoir que ses soupçons le portoient à penser que j'avois poussé la jalousie & la fureur, jusques à la précipiter dans la mer. Ma bonté outragée se défendit mal ; une justification suivie auroit été trop humiliante. Ma fierté s'en mêla beaucoup, & j'abandonnai Dureal à sa douleur & à son injustice.

Tous les Passagers convinrent que la Mozenher avoit de tems en tems des accès de folie : quelques-uns plus pénétrans que les autres, lui en avoient trouvé ce jour-là, des ſymptômes plus frappans, qu'à l'ordinaire. Il n'y a rien de ſi ſingulier que les obſervations & les découvertes qu'on fait, après qu'un malheur eſt arrivé.

Des ce moment Dureal tomba dans une triſteſſe accablante, & n'ouvrit jamais la bouche. Nous arrivâmes le lendemain dans le Port, où nous trouvâmes trois Vaiſſeaux, qui étoient partis de Konisberg longtems après nous, & qui étoient depuis quelques jours dans la rade. Dureal, ſans me rien dire, étoit ſorti, des premiers du bord; il avoit paru ſur le Port comme un éclair; on le cherche, on l'appelle, on ne le voit plus, & je n'entends plus parler de lui. Craignant qu'il n'eût encore été arrêté, je le fais chercher dans toutes les prisons ; je vais moi-même chez le Consul de France ; le Capitaine s'en informe de tous les côtés ; point de nouvelles.

Son éloignement avoit un air de mauvaise façon & d'ingratitude, qui me choquérent vivement : tantôt j'étois piquée, & tantôt allarmée, & quelquefois je n'étois ni l'un, ni l'autre, ou du moins je le croyois. Il auroit pû me mettre dans la confidence de ses projets, & certainement je ne les aurois pas trahis. S'il lui étoit arrivé quelque malheur, il auroit bien trouvé le moyen de me le faire sçavoir. Enfin après avoir bien retourné toutes ces idées, je me fixai à croire qu'il m'avoit manqué essentiellement, & de propos déterminé ; dès-lors je résolus d'oublier jusqu'à son nom, & de ne plus penser qu'à Rizabeg. Il faut convenir que la vanité nous fait faire contre notre goût, plus de choses en un jour, que la raison n'en obtient dans une année.

Quelques jours avant mon départ pour l'Asie, je rencontrai une femme avec un petit enfant sur les bras ; elle demandoit du secours à tous les passans ; je les fixai l'un & l'autre ; je reconnus mon fils & sa Nourrisse. Il seroit difficile de concevoir avec quelle vivacité je le pris, je l'embrassai, & l'accablai des plus vives caresses. Il faut être mere pour le sentir. Mais hélas ! il étoit si pâle & si défiguré, que sans cette femme, ses traits ne me l'auroient pas fait reconnoître; & cette reconnoissance étoit moins l'effet du jugement, que le triomphe du sentiment, & l'Oracle de la Nature.

Je les amenai chez moi. J'appris de la Nourrisse tout ce qui s'étoit passé après notre cruelle séparation. Rizabeg avoit trouvé des secours chez le Consul de France. La veille de son départ pour l'Asie, il avoit appris mon sort ; il alloit voler à Brandebourg, lorsqu'on l'en empêcha, en lui faisant entendre qu'Osman son valet de chambre, dont il avoit pénétré les sentimens, étoit du nombre de ces scélérats qui nous avoient attaqués ; on y avoit encore ajouté le Capitaine du vaisseau, dont il avoit été si jaloux. En un mot, selon lui, ce projet de noirceur avoit été arrangé de concert avec moi. Il chargea le Consul de France de reclamer les effets qui étoient entre les mains de la Justice, & il poursuivit sa route.

Aurois-je dû m'attendre à cet excès de noirceur de la part d'un homme qui m'adoroit, car on est toujours prêt à justifier ce qu'on aime. Duréal m'avoit un peu préparée à cette injustice. La Nourrisse me dit ensuite que Rizabeg ne voulant rien voir qui pût me rappeller dans son souvenir, lui avoit fait présent de notre enfant, comme s'il n'eût donné qu'un vieux habit, & comme s'il eût été le maître d'en disposer entiérement. Elle le préféroit, ajoutoit-elle, à un don plus considérable, puisque son bonheur y étoit attaché.

Je m'épuisois en remercimens; je louois sa tendresse & ses soins pour cet enfant, & je lui offrois une récompense honnête; lorsque me regardant avec étonnement, elle me demanda d'un ton ferme, & qui visoit à l'insolence, si j'entendois la priver de cet enfant. Elle vouloit, disoit-elle, le garder toujours ; ajoutant que puiſque Rizabeg le lui avoit donné, il étoit véritablement à elle.

Ce diſcours me parut d'abord une mauvaiſe plaiſanterie, & je me mis à rire, en continuant de careſſer mon enfant. Mais elle me prouva le contraire, en l'arrachant de mes bras avec beaucoup de violence ; elle ne vouloit pas, diſoit-elle, que qui que ce fût, partageât la tendreſſe qu'elle avoit pour lui.

J'obſervois avec attention ſes regards, pour voir s'ils n'annonçoient rien d'égaré ; elle s'en apperçut, & me dit qu'il y avoit chez elle moins de folie que chez ceux qui pourroient lui en ſoupçonner. Elle me proteſta avec la derniére effronterie, que ſi je la citois en Juſtice, elle ſoutiendroit fermement qu'elle-même lui avoit donné le jour. Je pouſſai l'excès de ma bonté, jusqu'à lui promettre de la charger du soin de son enfance, puisqu'elle y paroissoit si attachée, & de lui faire un sort heureux. Elle refusa l'un & l'autre, & par un calcul de *Gueux* (car quoique ces gens-là n'ayent rien, ils ne laissent pas que d'avoir une certaine arithmétique dans la tête) elle me prouva que cet enfant lui raporteroit plus qu'un bon métier, & que toutes les récompenses que j'aurois pu lui offrir.

Ce systême d'intérêt me parut singulier : voyant enfin qu'elle étoit bien décidée à garder mon enfant, je veux la chasser de chez moi ; elle a l'audace de me menaçer ; j'appelle du secours ; on l'arrête, elle soutient hardiment que je veux la priver de son fils ; elle pleure, gémit, se désole, s'arrache les cheveux pour

pour mieux peindre ſon déſeſpoir : on s'intéreſſe aſſez volontiers pour les Gueux qui pleurent. La populace s'arrête devant la maiſon, & prend ſon parti ; on me trouve bien cruelle de vouloir enlever à cette femme le ſeul bien qui lui reſte. La Juſtice arrive, ſa préſence en impoſe à quelques coquines comme elle, qui me faiſoient mon procès ; je la ſuis chez le Juge de Police ; il reçoit notre plainte ; nous ſoutenons toutes les deux la même choſe. On convient qu'il faut écrire à Dantzick pour s'informer de la vérité. En attendant cet éclairciſſement, je demande que mon fils ſoit remis, ſous la garde de la Juſtice, entre les mains d'une autre Nourriſſe ; on me répond froidement que ce n'eſt pas l'uſage du Pays ; mais qu'on va le dépoſer au Greffe avec la plainte. En effet on y descend, on le dépose comme une piéce nécessaire au procès; on lui attache une étiquette, & le Greffier, de sa main, le paraphe, aussi bien que la plainte, par *premiere* & *derniere*, *NE VARIETUR*; ensuite on l'enferme dans un cabinet.

Cette formalité étoit si extravagante, que je crûs d'abord qu'on plaisantoit; mais ensuite on nous pria très-poliment toutes les deux de sortir. Cette perfide Nourrisse obéit, pour remplir la Ville de ses cris. Pour moi plus tremblante pour le sort de mon fils, qu'on venoit d'enfermer, je m'attache à la porte du cabinet; on tente inutilement de m'en arracher; je crie, je n'interromps mes sanglots, que pour écouter si mon fils n'y répond pas; je n'entends rien ; je crains qu'il n'ait été étouffé. Toutes ces inquiétudes ne ſont qu'à la portée des entrailles maternelles : je ne penſois point du tout à l'humiliation d'être compromiſe avec cette infame créature;toutes mes vuës, toutes mes ideés , tous mes ſoupirs ſe tournoient du côté de mon fils. Le Greffier veut ſortir, & fermer ſon greffe ; nouvelle violence : mais réſoluë de périr à cette porte , on ne peut parvenir à m'en arracher.

J'étois dans le plus affreux déſeſpoir , lorſque le Juge qui avoit fait obſerver les démarches de l'une & de l'autre , vint me rendre mon fils. Le Greffier pendant qu'on me tourmentoit pour me faire ſortir, l'avoit ſouſtrait adroitement de ce cabinet. (ſa main étoit admirablement formée aux ſouſtractions) il l'avoit porté dans une maison voisine, où le Juge avoit eu la complaisance de se tenir caché. On avoit suivi la Nourrisse; après quelques pleurs forcés, elle avoit pris un Cabaret pour son champ de bataille, & un pot de vin pour sa consolation. On la fit arrêter tout de suite, & elle fut enfermée pour le reste de ses jours. Les véritables mouvemens de la Nature n'echapent jamais, & retrouvent toujours tous leurs droits dans le cœur des honnêtes gens.

Après que mon fils eut été rendu à mes larmes, je songeai sérieusement à aller rejoindre son pere. Comme le Consul de France me confirma les cruels soupçons de mon époux, je jugeai à propos, avant d'entreprendre ce voyage, de lui écrire pour me justifier. Je connoissois trop le caractère impétueux & brutal de Rizabeg, pour m'y livrer ſans précaution. Je chargeai d'une lettre Iſmaël May Juif très-honnête homme, parce qu'il étoit beaucoup moins fripon, que tous ceux de ſon eſpéce. Je ne la rapporte point, elle fut inutile.

Rizabeg en arrivant à Hiſpahan avoit d'abort été dans la plus haute faveur. Le Sophi lui avoit donné le Gouvernement de la Province d'Ivira, Place de confiance, par ſon voiſinage avec les Etats du Grand-Seigneur. Il n'avoit jamais oublié les mauvais traitemens qu'il avoit reçus de ſes voiſins à Smirne, & à Conſtantinople. Il avoit l'eſprit vindicatif; il étoit indigné contre les Turcs; il abuſa du pouvoir qui lui avoit été confié, pour aſſouvir ſa haine particuliere : la Porte s'en plaignit amèrement ; elle en demanda une ſatisfaction autentique ; & quoique Rizabeg fût dans les bonnes graces du Sophi, la politique exigea qu'on le ſacrifiât. Sa tête fut le ſceau de la bonne intelligence de ces deux Cours.

Notre union n'avoit pas été aſſez étroite, pour que nos malheurs fuſſent communs. Je ne fus ſenſible à cette perte, que pour mon fils. Il avoit eu la cruauté de m'imputer le crime des Brigands qui nous avoient attaqués ; il m'avoit abandonnée à mon malheureux ſort ; je ne tenois à lui que par une eſpéce de reconnoiſſance ; j'avois tout donné à l'ambition ; réfléxion faite, je m'en conſolai. On revient plus aiſément des ſotiſes de l'eſprit, que de celles du cœur. En un mot, mon veuvage ne fut point une fiévre lente qui dût me mettre hors d'état d'en connoître tous les plaiſirs.

Le caractére de Rizabeg n'étoit point du tout fait pour réuſſir dans aucune Cour, ni dans les premiers emplois de l'Etat. Il n'avoit jamais ſçu ſe plier aux circonſtances, ni à la néceſſité de plaire. Il étoit de ces hommes qui aiment mieux être exacts à leurs devoirs, & utiles à leur Prince; & rarement on ſe ſoutient par ces ſeules qualités. Il avoit toujours regardé avec mépris ces hommes en place qui ſe préſentent avec l'amitié peinte dans leurs regards, & la haine dans le cœur; & qui ſont affables, attentifs, officieux, juſqu'au moment où ils peuvent l'être utilement, ou bien juſqu'à ce qu'ils puiſſent ſe diſpenſer de donner des raiſons de leur dureté, ou de leurs refus. Eblouis de leur pouvoir, ils ſe preſſent d'en jouir, ſans ſe mettre en peine de le conſerver, ni de pénétrer quelle en ſera la fin. Le bonheur les berce, le plaiſir les endort, & les ſonges les plus délicieux perpétuent leur jouiſſance. Leurs rivaux veillent pour eux ; ils ſont balancés, ébranlés ; ils s'en apperçoivent tard ; ils ouvrent les yeux, ils agiſſent, s'humaniſent un peu, ſe ſoutiennent, ſe fortifient par des allentours, ſe relévent, jouiſſent, s'oublient, & retombent.

Je n'avois d'autre parti que celui de retourner en France, où je pouvois, en vivant ſans prétention, me procurer, avec ce qui me reſtoit, un ſort aſſez heureux. Après une route très-pénible & très-longue, où je riſquai de perdre mon fils, je m'arrêtai à Dresde, pour lui donner le tems de se remettre. Quoique je l'aimasse beaucoup, ma tendresse ne m'occupoit point assez, pour prendre tous mes momens; j'en donnai beaucoup à la société; & de connoissance en connoissance, je parvins à être répanduë dans les meilleures maisons. L'histoire de mon mariage étoit connuë, mais les premiers pas que j'avois faits dans le monde, ne l'étoient point. Je trouvai des adorateurs. Le Prince de ... étoit de ce nombre; & quoïqu'il ne fût pas de la premiere jeunesse, son cœur me parut trop expéditif, pour me rassurer sur ses démarches. Je fus assez sincère pour lui témoigner mes inquiétudes.

Après m'avoir assuré qu'il avoit toujours eu du goût pour le beau Séxe François, je lui fis connoître qu'il étoit la dupe de la tendresse qu'il me marquoit, s'il me prenoit pour une Françoise. Il crut que je voulois mettre en défaut sa pénétration, je le lui soutins ; il en douta avec tant d'opiniâtreté, que je ne pus me dispenser de lui raconter l'histoire de ma naissance. Je lui répétai exactement tout ce que j'ai dit de mon pere au commencement de mes Mémoires ; j'y ajoutai même quelques expressions qui faisoient mieux sortir son caractère, & mon peu de respect pour lui.

Vous ne connoissez donc pas le Comte de... me dit-il, après m'avoir écouté avec un grand sang-froid ; peut-être lui rendriez-vous plus de justice. Cela se pourroit, lui repliquai-je ; mais encore auroit-il fallu pour cela, qu'il en eût plus rendu à ma mere. La Pouſſin me diſoit ſouvent, (peut-être étoit-ce pour m'humilier,) que je lui reſſemblois beaucoup ; du moins ce n'eſt point du côté du cœur, car je ſuis incapable de faire le malheur de quelqu'un, & . . . cela ſuffit, Madame, vous pouvez vous diſpenſer de pouſſer plus loin vos réfléxions. Eſt-il poſſible, lui dis-je, en riant, que la premiere fois que j'en fais, on les condamne ? . . . Je ne vous blâme point, reprit-il avec douceur, de celles que vous auriez dû faire dans le cours de votre vie ; mais celles-ci me paroiſſent un peu déplacées. Je connois beaucoup le Comte de . . . je lui parlerai de vous, je l'intéreſſerai en votre faveur ; il eſt actuellement dans cette Cour ; je ſuis ſûr qu'il vous verra avec plaiſir : je vais le chercher ; il ne pourra refuser sa tendresse & ses bienfaits, à une personne qui le mérite autant que vous. Cependant je me garderai bien de lui rapporter fidélement vos propos. Il y a de certains détails dans lesquels il ne faut pas entrer, lorsqu'on veut servir utilement ses amis.

Je ne sçais, repris-je, si je pourrai vaincre la haine que dès mon enfance on m'a inspirée contre lui : peut-être aussi ne voudroit-il pas me reconnoître, alors je serois forcée de le haïr davantage ; ce sentiment me fatigue trop, pour vouloir en surcharger mon cœur. Il convient, à tous égards que je ne le voye point.... Vous le verrez, Madame, ajouta-t-il, & vous reviendrez des préjugés que vous avez contre lui. Sous le nom du Prince de.... je suis le Comte de.... & vous êtes ma fille , ce mot vous ferme la bouche, mais en même tems il vous ouvre mon cœur. O Ciel ! vous, mon pere, lui dis je, en voulant me jetter à ses pieds, pour lui prouver mon respect ; il me dispensa de ce devoir, en riant de ce que demi-heure auparavant il en avoit fait autant, pour trouver le moyen de m'en manquer.

Vous serez peut-être surprise, ajouta-t-il, de ce que j'ai brusqué un peu la reconnoissance, mais dans ce Pays nous n'avons point l'art de les filer, ni de nous attendrir par gradation ; notre cœur devance nos discours. Il y a vingt ans que je suis en possession de la Principauté de..... & que j'en porte le nom. Il est étonnant que vous n'en ayez point été instruite ; il faut que la haine qu'on vous avoit inspireé contre moi, ait été bien grande, pour n'avoir pas daigné vous en informer. Je ſuis perſuadé que vous ignoreriez encore le ſort de votre mere, ſi je ne vous apprenois qu'elle mourut en Hongrie deux ans après ſon mariage.

Au reſte tout ce que vous m'avez dit, ne s'arrête dans mon eſprit, que pour m'éclairer ſur ma conduite à votre égard : vous avez eu raiſon de vous plaindre de moi ; mais vous ſeriez la plus ingrate de toutes les femmes, ſi à l'avenir vous me faiſiez le moindre reproche. Un peu trop de fierté & d'ambition de la part de votre mere, m'a mis dans le cas de lui manquer totalement. Elle ne demandoit pas, mais elle exigeoit ; encore étoit-ce des choſes ſi ridicules, que nous nous ſerions perdus mutuellement, en voulant trop lui plaire.

J'ignorois votre ſort dont on n'a pû m'inſtruire ; je vous retrouve, je rentre avec plaiſir dans tous mes droits, & je ne veux en jouir, que pour réparer les torts que vous croyez que j'ai eus avec elle, & que j'aurois avec vous, ſi je ne ſongeois très-ſérieuſement à vous donner un état honnête, & convenable à mon rang.

En effet, il me reconnut, me fit légitimer, & il obtint pour moi de la Cour de Vienne, le titre de Baronne. Malgré ſes bienfaits, je me déplus dans ce Pays. Après ſept ans d'ennui, il me permit de retourner en France, à condition que je lui laiſſerois mon fils, dont il vouloit prendre ſoin, & qu'à l'âge de douze ans il plaça dans un de ſes Régimens où il eſt encore, & où il ſert avec diſtinction.

J'avois paſſé Strasbourg ; un domeſtique qui couroit devant moi pour faire préparer les chevaux, trouva qu'à la Poſte il n'y en avoit précisément, que pour un Officier qui revenoit de Paris, & pour lequel ſon laquais avoit pris la même précaution. Le mien diſputa la préférence avec tant de chaleur, que la ſcene en fut enſanglantée. J'arrive dans ce moment : effrayée de ce ſpectacle, je ſors de ma chaiſe, j'entre dans le logis; l'Officier ſuit de près, voit ce déſordre, & bruſque beaucoup ſon domeſtique de n'avoir point voulu céder les chevaux à une Dame; enſuite il vient dans ma chambre pour me faire des excuſes, & m'engager à les prendre. A peine a-t-il ouvert la bouche, qu'il s'écrie, eh quoi ! c'eſt vous, Madame ! par quel hazard ai-je le bonheur de vous rencontrer ici ! Vous ne dites rien ! O Ciel quel cruel abord ! .... Pouvez-vous méconnoître l'infortuné Dureal ! il ſemble que le ſort m'attache ſur vos pas. Voilà le premier moment de ma vie, où je puis ſans la moindre inquiétude, goûter le plaiſir de voir.

Revenuë de mon étonnement, je lui réponds d'un air aſſez froid, voilà auſſi, Monſieur, des choſes que toute la prudence humaine n'auroit ſçu prévoir. Eh d'où ſortez-vous ! on ne trouve que vous par les chemins. Ce mauvais propos lui ferme tout de ſuite la bouche. De mon côté mon air de dignité me paroît ſi déplacé avec lui, qu'il y auroit eu de la cruauté à le ſoutenir longtems, & je me laiſſe aller aux mouvemens de mon cœur. L'amour-propre n'a guère beau jeu, lorsqu'il veut combattre les intérêts d'une violente passion, & ceux de la curiosité.

Pour cette fois, Monsieur, lui dis-je, avec plus de douceur, vous ne me quitterez point aussi brusquement qu'à Petersbourg; & je me flatte qu'avant de vous éloigner, vous daignerez me faire l'honneur de prendre congé de moi.

Vous n'avez donc pas sçu, Madame, reprit-il avec vivacité, ce qui s'est passé? eh quoi! l'homme qui vint m'aborder en descendant du Vaisseau, ne vous a rien dit de ma part? O Ciel! que j'ai dû vous paroître ingrat & coupable! & que vous avez dû me haïr! je ne suis plus surpris du cruel accueil que vous venez de me faire. Je vais vous rendre compte de tout. La vérité, mes proteſtations, ma probité même (je ne parle point de notre ancienne tendreſſe, ce titre ſeroit trop foible auprès de vous) pourront-elles effacer des impreſſions qu'une abſence de huit années a perpetuées dans votre cœur? Hélas! j'ai tant de confiance en vos bontés que je me crois juſtifié d'avance. Serois-je aſſez malheureux pour me tromper?

Vous ne ſçauriez, ajouta-t-il, continuer votre route ſans votre Domeſtique; il n'eſt point aujourd'hui en état de vous ſuivre; & je n'ai pas un inſtant à perdre, pour me rendre à mon Corps, où il faut néceſſairement que j'arrive ce ſoir. Mon Régiment eſt en garniſon dans Strasbourg; nous n'en ſommes qu'à quatre lieuës; je vous conſeille, ſi vos affaires ne ſont pas preſſées, de venir attendre dans cette Ville que votre Domeſtique ſoit un peu rétabli d'une bleſſure qu'il a reçuë à la tête, & qui pourroit devenir très-dangereuſe, ſi l'on ne prenoit les précautions néceſſaires. J'aurai le tems de vous rendre compte de tout ce qui s'eſt paſſé, & le bonheur de ma vie dépend aujourd'hui de ma juſtification.

J'aurois eu très-mauvaiſe grace de lui refuſer les moyens de ſe juſtifier. Ses regards me parurent ſi tendres, & le ſon de ſa voix ſi touchant, qu'il reprit tout-à-coup ſes droits ſur mon cœur; je l'aurois cru innocent, quand même il auroit été coupable. Un amant qu'on chérit, trouve aiſément le ſecret de ne l'être jamais.

Je ne fis plus de difficulté de

retourner avec lui à Strasbourg ; je n'avois aucun compte à rendre de mes actions, je ne pris conseil que de mon cœur, & c'est la seule fois que je n'ai point eu quelque reproche à lui faire.

Je ne vous ai jamais imputé le désespoir de la malheureuse Mozenher, me dit Dureal, quand nous fûmes arrivés à Strasbourg; mais dans ce moment mon ame agitée de tous les malheurs qui s'étoient passés sous mes yeux, étoit si abatuë, qu'elle ne s'intéressoit pas même aux soins que vous preniez de vous en justifier. Mon silence, ma tristesse, cette douleur que vous remarquiez tant, étoient une espéce d'anéantissement, une haine contre moi-même, qui cependant ne réfléchissoit sur personne.

Je n'avois point du tout cru m'éloigner de vous, lorsqu'en

descendant du vaisseau, pour me distraire plutôt de toutes mes horreurs, un homme qui étoit sur le Port, me dit mystérieusement, & sans faire semblant de me parler, » seriez-vous par ha-» zard, Monsieur Dureal, » hélas ! oui, Monsieur, lui répondis-je, en voulant l'aborder, » n'a-» vancez pas, ajouta-t-il; au con-» traire; éloignez-vous un peu & » suivez-moi de loin, je suis » chargé de vous dire des choses » de la derniére conséquence. Je » ne puis point m'expliquer ici. » Il ne faut pas qu'on nous voye » ensemble. Ne craignez rien, » je suis plus de vos amis que » vous ne le croyez. »

Je n'hésitai pas un moment à le suivre. Etant arrivés dans un bois : » Voilà, Monsieur, me » dit-il, différens paquets qu'on » m'a envoyés de Hollande, il

» eſt inutile de vous rendre com- » pte comment je ſuis dans la » confidence de vos affaires : j'ai » encore cette bourſe à vous re- » mettre ; on vous fait ſuivre » partout. Le Conſul de France » dont je ſuis le Secrétaire , a » des ordres pour vous faire ar- » rêter ; je trahis ſa confiance ; » mais je ſuis perſuadé que pour » des choſes de cette nature, lui- » même ne me déſavoueroit pas. » Nous avons appris votre éva- » ſion des priſons, l'enlévement » de la Fille du Géolier, & votre » embarquement à Konigsberg. » Fuyez , Monſieur , au plus vî- » te , gardez-vous d'approcher » de la Ville ; vous y êtes conſigné » de tous côtés , & vous ſeriez » perdu ſans reſſource. Je vous » en avertis en vous recomman- » dant le ſecret ; le ſervice que » je vous rends , m'en aſſure. »

Il y a, Monsieur, lui dis-je, dans le vaisseau une Dame à qui j'ai les plus grandes obligations, & à qui je tiens par les liens de la plus vive reconnoissance ; elle sera inquiette de mon sort...» Ne » vous embarrassez point de ce- » la, repliqua-t-il, c'est une fem- » me qui se prétend l'épouse de » Rizabeg, nous sçavons son his- » toire. Je ne manquerai point de » l'instruire de ce qui se passe ; » mais éloignez-vous au plutôt ; » ne rendez pas ma précaution » inutile, nous nous perdrions » tous les deux. » En même tems il disparut ; & sans doute il a craint pour lui en vous faisant la même confidence. Je crus alors que vous alliez suivre le chemin de l'Asie. J'ouvris les différens paquets, parmi lesquels j'en trouvai un de Luberty qui contenoit une lettre de Mlle Dorcey. Elle m'avoit m'avoit ſouvent entendu parler de cet ami, elle s'étoit adreſſée à lui, s'imaginant qu'il ſçauroit le lieu de ma retraite. Sa lettre étoit datée des Priſons de Paris, & conçuë en ces termes.

Je gémis dans les fers, & quoique innocente, je partage la honte de votre crime. On me menace de la mort la plus affreuſe. Il n'y a que vous & le Ciel qui connoiſſiez la pureté de mon cœur. Je ſuis perduë, ſi vous n'y donnez ordre : que dis-je ! que pouvez-vous faire pour moi, & que puis-je exiger de vous ! Fuyez ; l'innocence eſt une reſſource qui vous manque, & ſur laquelle je compte pour m'arracher de l'opprobre & du ſupplice.

Je frémis à la lecture de cette lettre ; chaque mot déchiroit mon ame. Alors ſans conſulter l'amitié de mes parens qui m'exhortoient à passer sous un Ciel inconnu, je suivis les mouvemens de ma tendresse & de mes remords. J'oubliai le danger où j'allois me précipiter, pour ne m'occuper que de celui de Mlle Dorcey. Au lieu de m'éloigner davantage, je cours nuit & jour, je m'excéde pour arriver plutôt à Paris. Il y avoit longtems que la lettre que je venois de lire, étoit écrite; je craignois tant pour cette tendre & malheureuse victime. Hélas! disois-je en moi-même, si elle avoit succombé sous l'audace de ses calomniateurs, eh que sait-on!... On se presse toujours de commettre des injustices, comme si on étoit à tems de les réparer.

J'arrive enfin à Paris, je vole à la Prison, où je présume trouver Mlle Dorcey. Je ne me trompe pas; on me refuse brusquement le bonheur de la voir; je tâche de fléchir le Géolier , j'y parviens ; jugez de mon adresse !

En entrant dans un affreux cachot , je vois cette innocente Victime dans l'état le plus humiliant. O Ciel ! quel spectacle pour un véritable amant ! J'en frémis encore toutes les fois que j'y pense. Je me jette à ses pieds, sans avoir la force de rien dire ; je baise ses chaînes , je les baigne de mes larmes , je veux les briser pour m'en accabler moi-même ; le Géolier s'oppose à ma fureur. Je déclare que je suis le seul coupable du crime qu'on a eu la noirceur de lui imputer, & je demande à prendre sa place * , on me refuse cette triste consolation.

* Dureal n'avoit pas sans doute lû le Philosophe Marc Antonin qui dit, *réglé dans tes actions , ne fais rien qui sente la Tragédie.* Il y a des gens qui se rendent intéressans, en pro-

L'infortunée Dorcey étonnée, interdite, oubliant l'horreur de sa situation, ne trembloit que pour mes jours. » Fuyez, mal-
» heureux, me dit-elle, les yeux
» baignés de pleurs; venez-vous
» par votre présence devancer le
» moment de ma mort! Eh, n'est-
» ce pas assez d'une victime!
» L'image affreuse du trépas que
» j'ai sans cesse devant les yeux,
» m'effraye moins, que le danger
» que vous courez; fuyez au
» plutôt, vous dis-je, si vous ne
» voulez point que j'expire à vos
» yeux.... »

« Allons, allons, remettez-
» vous l'un & l'autre, dit le
» Géolier, qui avoit pris quel-
» que intérêt à notre situation.
» Si ce que vous dites est vrai,
» Monsieur, je vous conseille de
» vous retirer au plus vîte, il

duisant un beau coup de Théâtre, quoiqu'il soit amené en dépit du bon sens.

» ne fait pas bon ici pour vous : » croyez-moi, je vous jouerois » un trèsmauvais tour, si je vous » prenois au mot. Je veux bien » croire que vous êtes coupable, » que Mademoiselle est innocen- » te, & dans ce cas vous n'avez » rien à craindre pour ses jours ; » elle en sera quitte pour ce qu'el- » le a souffert jusqu'à présent ; au » lieu que vous n'en sortiriez pas » de même. On couvre souvent » un crime par un autre crime, » mais non pas par un trait de » grandeur d'ame, ni de générosi- » té. Depuis vingt ans que j'occu- » pe ce poste, j'ai vû des choses si » extraordinaires que vous me » faites trembler pour vous ; je » vous en avertis charitablement, » c'est à vous maintenant à pren- » dre vos précautions. »

» J'imagine une chose, ajou- » ta-t-il, qui pourroit vous tirer

» d'affaires tous les deux. Je parie cent louis qu'elle réussira, sans que vous couriez le moindre danger; mais je veux qu'il m'en revienne cent louis, je le répéte. Mon poste me défend de recevoir de l'argent (à l'égard de celui que vous m'avez donné, c'est une bagatelle,) mais il ne m'empêche pas de gager. Voici dequoi il est question. »

» Nous avons ici un Scélérat bien déterminé, qui a été ce matin condamné à la mort. Il doit être renvoyé au premier jour à Niort pour subir son jugement. C'est un Voleur de grand chemin qu'on a arrêté dans ce Pays; il a avoué beaucoup de crimes; il est aussi sûr de perdre la vie, que si on lui avoit lû sa Sentence. Je l'engagerai à se charger du meurtre en question, si je lui offre

» une pareille somme à celle que » je veux gager. Un crime de » plus ou de moins, n'ajoutera » rien à son supplice; on ne le » fera pas mourir deux fois. Il » aura le plaisir, lorsqu'on le ra- » menera à Niort, de faire en » chemin meilleure chère, & de » se donner quelque petite fan- » taisie. Eh que sçait-on? peut- » être avec ces cent louis trou- » vera-t-il quelque expédient » pour suborner ses conducteurs. » Il n'y a que ceux qui n'ont rien, » qui n'ont pas l'adresse de s'é- » chaper. En tout cas, je le lui » ferai entendre. Il s'agit seule- » ment d'arracher adroitement » de lui une déclaration qui n'ait » pas l'air d'avoir été mandiée. » Je vous ménagerai cette af- » faire; je m'en charge. Je suis » bien persuadé qu'à *la longue* » vous pourriez obtenir des let- » tres de grace; mais cela laisse

» toujours un vilain vernis. Il
» vaut mieux fiérement ſoutenir
» ſon innocence. Votre fuite ne
» dit rien ; car , voyez-vous , à
» préſent je ſçai votre hiſtoire.
» Cependant je vous conſeille
» de vous tenir bien caché , je
» vous avertis que vous êtes ici,
» on ne peut pas plus mal , &
» que vous ne ſçauriez mieux
» faire , que d'en ſortir au plus
» vîte. Tous ces combats de gé-
» nérosité , de grandeur d'ame ,
» quoiqu'ils faſſent l'éloge de la
» vôtre , ne valent pas le diable,
» & cela ne prend pas ordinai-
» rement dans l'eſprit de nos Ju-
» ges ; je vous en préviens afin
» que vous vous arrangiez en
» conſéquence. »

La propoſition me révolta dabord , je continuois à traiter la ſituation en héros : mais ma chére Dorcey qui éprouvoit la peſanteur des chaînes , & tendre avec bons ſens, me détermina à ſuivre le conſeil du Géolier. Son projet eut tout le ſuccès qu'on pouvoit en attendre.

La déclaration de ce Criminel, hâta le jugement de notre affaire; Mademoiſelle Dorcey obtint un arrêt triomphant. Ses infâmes parens qui, pour envahir ſa ſucceſſion, étoient devenus ſes accuſateurs, furent condamnés à de gros dommages-intérêts. Pourroit-on jamais le croire! ils vouloient s'enrichir de l'opprobre de la famille; ils ſoutenoient que Mademoiſelle Dorcey m'avoit porté à aſſaſſiner ſa mere, qui ne vouloit pas conſentir à notre mariage. Ils avoient obtenu au Préſidial de Niort le jugement le plus inique. De quoi les ames intéreſſées ne ſont-elles pas capables!

La Juſtice, en admettant la dépoſition de ce criminel, avoit éloigné de moi tout ſoupçon de ce meurtre. En effet mon cœur n'étoit pas coupable ; je me remis alors en priſon ; & je fus traité auſſi favorablement que Mlle Dorcey.

Nos malheurs communs ſembloient avoir encore rapproché nos cœurs. Ne voulant plus voir les monſtres qui avoient réſolu ſa perte, elle tranſporta ſa fortune à Quimpercorentin, où elle avoit été élevée ſous les yeux d'une tante qui lui avoit laiſſé de gros biens dans ce Pays. A force d'amis, je rentrai dans mon Corps où j'étois (j'oſe le dire) généralement aimé & regretté.

Les affaires de Mlle Dorcey étant arrangées, elle me donne ſa main, nous paſſons trois ans à demander au Ciel un enfant, il ſe rend à nos vœux ; & en même tems j'ai le malheur de perdre la mere. Je ſuis le ſort des armes, mon Régiment eſt ici. On croit qu'il entrera cette année en campagne.

Dans ces circonſtances on reçut les ordres de la Cour, & ce Régiment fut deſtiné à garder la place.

Je paſſai avec Dureal près d'un mois à Strasbourg, où je repris inſenſiblement tous mes droits ſur ſon cœur. Notre inconſtance avoit été, pour ainſi dire, l'ouvrage de la néceſſité, & notre retour mutuel fut celui du goût & de la réfléxion. Fatiguée d'une vie tumultueuſe, de me voir toujours environnée de perſonnes étrangères; nous avons donné à l'hymen cette aurore de bonheur. Nos étourderies & nos malheurs nous avoient rendus la fable de ſon Pays; nous ne jugeâmes point à propos d'y retourner. Je ne pouvois rentrer dans une certaine conſidération, qu'en me dépaiſant. Je ne raiſonnois plus ſur de faux principes ; j'avois aſſez d'eſprit pour connoître que j'en avois preſque toujours manqué, ou qu'il ne m'avoit ſervi qu'à faire hardiment des ſottiſes ; & quoiqu'elles euſſent été quelquefois heureuſes, je vis clairement que je n'avois pas eu raiſon de les faire. Cette découverte me rapprocha de moi-même ; j'en ai tiré juſqu'à préſent un très-bon parti. L'expérience eſt un excellent maître ; mais ſes leçons coûtent bien cher.

Dureal & moi libres & dégagés de ces paſſions violentes, qui entraînent quelquefois même au-delà des deſirs, nous jouiſſons dans les bras de l'hymen, des tranſports de l'amour, des douceurs de l'amitié, & d'un bonheur qui n'eſt pas même altéré par les ſonges.

FIN.

www.ingramcontent.com/pod-product-compliance
Ingram Content Group UK Ltd.
Pitfield, Milton Keynes, MK11 3LW, UK
UKHW020250180726
13839UKWH00001B/266